U0514477

广东省教育科学"十三五"规划 2020 年度研究项目"粤港澳大湾区科技合作的现实基础、突破方向、合作路径及对策研究"（编号：2020GXJK151）研究成果

府际竞合与大湾区区域协调发展的互动影响研究

周友良◎著

中 国 财 经 出 版 传 媒 集 团

经济科学出版社

Economic Science Press

·北 京·

图书在版编目（CIP）数据

府际竞合与大湾区区域协调发展的互动影响研究 /
周友良著 . -- 北京：经济科学出版社，2023.11
ISBN 978 - 7 - 5218 - 5107 - 6

Ⅰ. ①府… Ⅱ. ①周… Ⅲ. ①区域经济合作 - 研究 -
广东、香港、澳门 Ⅳ. ①F127.6

中国国家版本馆 CIP 数据核字（2023）第 170866 号

责任编辑：张　燕
责任校对：徐　昕
责任印制：张佳裕

府际竞合与大湾区区域协调发展的互动影响研究
周友良　著
经济科学出版社出版、发行　新华书店经销
社址：北京市海淀区阜成路甲 28 号　邮编：100142
总编部电话：010 - 88191217　发行部电话：010 - 88191522
网址：www. esp. com. cn
电子邮箱：esp@ esp. com. cn
天猫网店：经济科学出版社旗舰店
网址：http://jjkxcbs. tmall. com
固安华明印业有限公司印装
880 × 1230　32 开　6.25 印张　150000 字
2023 年 11 月第 1 版　2023 年 11 月第 1 次印刷
ISBN 978 - 7 - 5218 - 5107 - 6　定价：49.00 元
（图书出现印装问题，本社负责调换。电话：010 - 88191545）
（版权所有　侵权必究　打击盗版　举报热线：010 - 88191661
QQ：2242791300　营销中心电话：010 - 88191537
电子邮箱：dbts@ esp. com. cn）

前　言

2019 年 2 月 18 日，中共中央、国务院正式印发《粤港澳大湾区发展规划纲要》，其中明确提出坚持极点带动、轴带支撑、辐射周边，推动大中小城市合理分工、功能互补，进一步提高区域发展协调性，促进城乡融合发展，构建结构科学、集约高效的大湾区发展格局。

2020 年 10 月 29 日，党的十九届五中全会提出，健全区域协调发展体制机制，推动区域协调发展，推进以人为核心的新型城镇化。会议审议通过了《中共中央关于制定国民经济和社会发展第十四个五年规划和二〇三五年远景目标的建议》（以下简称《建议》）。《建议》明确提出，推动区域协调发展，推进粤港澳大湾区建设等平台发展，打造创新平台和新增长极。健全区域战略统筹、市场一体化发展、区域合作互助、区际利益补偿等机制，逐步实现基本公共服务均等化。

2021 年 3 月 12 日，《中华人民共和国国民经济和社会发展第十四个五年规划和 2035 年远景目标纲要》（以下简称《纲要》）正式批准实施。《纲要》第九篇第三十二章明确提出，深入实施区域协调发展战略，鼓励东部地区加快推进现代化，推动东部地区率先实现高质量发展，具体包括率先实现产业升级和率先建立全方位开放型经济体系等内容。同时，《纲要》第九篇第三十一章明确提出，积极稳妥推进粤港澳大湾区建设，具体内容包括加强粤港澳产学研协同发展，完善"两廊两点"架构体系，推进综合性国家科学中心建设，深入推进重点领域规则衔接、机制对接等涉及区域协调发展的多个方面内容。

2022年7月13日，国家发展改革委出台《"十四五"新型城镇化实施方案》，其中明确优化城镇化空间布局和形态，主要涉及推动城市群发展、现代化都市圈发展、城市群和都市圈协同发展等城市群区域协调发展内容；2022年12月15日，中共中央、国务院印发了《扩大内需战略规划纲要（2022～2035年)》，其中明确推动城乡区域协调发展，释放内需潜能。

2023年5月29日，为深入贯彻习近平总书记关于推动高质量发展的重要论述精神，以高质量发展为牵引，高水平推进广东现代化建设，广东省发布了《中共广东省委 广东省人民政府关于新时代广东高质量发展的若干意见》（以下简称《意见》)，《意见》明确提出，促进城乡区域协调发展，锻造高质量发展的潜力板。其中，重点在于全面落实乡村振兴战略和新型城镇化战略，坚持分类指导、各方发力，深入实施"百县千镇万村高质量发展工程"，推动城乡区域协调发展向更高水平和更高质量迈进。

综上可以看出，实施区域协调发展战略是全面建成小康社会进而实现全体人民共同富裕的内在要求，是践行新发展理念的必然要求，是建设现代化经济体系的重要举措。同时建设粤港澳大湾区，是习近平总书记亲自谋划、亲自部署、亲自推动的国家战略，既是新时代推动形成全面开放新格局的新尝试，也是推动"一国两制"事业发展的新实践，对粤港澳大湾区发展具有至关重要的意义。

自大湾区建设启动以来，广东省及香港、澳门地区以贯彻落实《粤港澳大湾区发展规划纲要》为主线，共同携手推进大湾区建设不断取得新进展新成效，朝着建成富有活力和国际竞争力的一流湾区和世界级城市群加速迈进。各城市始终坚持把粤港澳大湾区建设作为新时代改革开放的"纲"，认真落实省委"1+1+9"工作部署，全方位参与"双区"建设、"双城"联动，推动大湾区建设各项任务落地落实。

为此，本书从粤港澳大湾区当前实际情况出发，以提升粤港澳大湾区区域协调发展水平为切入点，对粤港澳大湾区区域协调发展的机制建设、发展特征、发展趋势进行概括提炼，并根据粤港澳大湾区区域协调发展的新特征新趋势，研究认为未来大湾区区域协调发展的重点内容主要是加强城市间经济联系、促进第二产业和第三产业集聚，以及提升大湾区区域市场一体化。为此，本书重点从政府视角设计提出府际竞合指标体系，并对粤港澳大湾区的内部经济联系、产业集聚和市场一体化进行量化研究，最后通过研究府际竞合对粤港澳大湾区区域协调发展水平的实际影响，提出了相关对策建议。

在课题研究和本书出版过程中，始终得到有关领导、同事和朋友的指导、关心、支持和帮助，谨此一并表示衷心的感谢！需要特别声明的是，本书中的观点仅限于学术讨论范围，供广大读者参阅，希望对有关方面的工作起到参考作用，不足之处，敬请指正。

周友良

2023 年 10 月

目　录

第一章 城市群理论与区域协调发展理论

第一节 城市群理论

与城市群有关的理论研究已有100多年的历史，特别是第二次世界大战后城市经济快速发展，国内外学者逐渐对城市空间形态演变持续关注，虽然名称上具有不同差异，但对"城市群"这一组织形态和功能模式的本质认知是相同的。为了厘清该理论研究脉络，本章主要对城市群和区域协调发展理论文献进行系统性梳理，从而深刻认识和把握粤港澳大湾区建设中如何提升大湾区区域协调发展水平的理论指导意义。

一、城市群的概念与特征

国外有关城市群的研究可以追溯到1898年出版的《明日的田园城市》著作，该书首次提出了田园城市概念（霍华德，2009）；1915 年，英国学者帕特里克·格迪斯（2012）在《进化中的城市》一书中指出了人口向城市集中和城市团块的现象，称之为"大都市"（conurbation）；福西特（C B Fawcett，1932）提出了"城镇密集区"（city-and-town concentrated area）的定义；戈特曼（Jean Gottmann，1957）提出"大都市带"（megalopolis）概念，并阐述了其基本特征和功能，随后，戈特曼（1961，1976，1984）从地理空间、资源流动和协作等方面提出了"城市群"的发展，并提出了城市群的两大基本功能，即枢纽功能（hinge）和孵化器功能（incubator）；弗里德曼和米勒（John Friedmann & John Miller，1965）提出"城市场"（the urban field）概念；范斯（Vance，1970）提出"城市地域"（Urban realm）概念，认为城市的扩张并没有粉碎区域而是产生了新的连接形式；麦吉（T G Mcgee，1989，1991）提出"城乡融合区"（Desakota）概念并进行了扩展研究；科恩（R B Cohen，1981）提出"全球城市"的概念；斯科特（Scott，2001）提出"全球城市—区域"的概念；彼得·霍尔（Peter Hall，2006）提出"多中心巨型城市—区域"的概念。可以看出，国外学者对城市群概念具有不完全一样的认知和理解。

　　国内研究主要采用早期的都市连绵区和近期的城市群两个概念。于洪俊和宁越敏（1983）首次用"巨大都市带"这一概念将戈特曼的思想全面引入中国；周一星和 R. 布雷德肖（1988）提出都市连绵区（metropolitan interlocking region）的概念；高汝熹和阮红（1990）提出都市经济圈的定义；姚士谋（1992）正式提出城市群的概念，并根据城市组合的空间布局形式将城市群分为组团式、带状和分散式的放射状或环状城市群；宁越敏（1998）、胡序威（2000）也采用一些城市群空间范围的界定指标来明确城市群概念等；姚士谋、顾文选和朱振国（2001）系统地定义了中国式城市群的概念，并描述了城市群的四个基本特征；邢怀滨、陈凡和刘玉劲（2001）详细阐述了城市群的两个基本特征：内在有机性、能级均衡性；方创琳（2015）详细地对中国城市群进行了定义，即城市群是以一个特大城市为核心，由至少三个以上都市圈（区）或大中城市为基本构成单元，依托发达的交通通信等基础设施网络，所形成的空间相对紧凑、经济联系紧密并最终实现同城化和一体化的城市群体。国内外关于城市群概念的比较如表1-1和表1-2所示。

表1-1　　　　　　　国外与城市群相关概念的比较

概念	年份	代表学者	主要观点
城市群（megalopolis）	1957	Jean Gottmann	具有一定的规模、密度；一定数量的大城市形成自身的都市区；都市区之间通过便捷的交通走廊产生紧密的社会经济联系
超级都市区（MR）	1989	T G Mcgee	自上而下与自下而上相结合的城市化模式，导致农业活动和非农业活动并存且进一步融合和灰色（Desa-kota）区域的出现

续表

概念	年份	代表学者	主要观点
大都市伸展区（EMR）	1991	N Ginsburg	大城市周边地域产业化进程和城乡相互作用的加剧，使城乡交错区不断延伸，与周边的城镇组合成为一个高度连接的区域
巨型城市区（MCR）	1994	P Hall	对全球城市功能具有重要作用的高级生产性服务业的扩散导致巨型城市区的出现；区域层面的城市生产性服务业间的相互联系使区域形成多中心网络状结构。它有20~50个不等的功能性城市区域，每个功能性城市区域围绕一个城市或城镇，在实体空间上彼此分离但在功能上形成网络，且围绕一个或多个更大的中心城市集聚，通过一种新的功能性劳动分工拉动经济增长
巨型区域（MR）	2004	ARPA	经济、生态环境、基础设施建设的一体性；生产性服务业在中心城市集聚和分工，外围地区从事制造业分工，并为中心城市提供市场；区域稳定、共同繁荣、可持续发展

资料来源：张晓明. 长江三角洲巨型城市区特征分析 [J]. 地理学报，2006 (10).

表 1 - 2　　　　　　国内与城市群相关概念的比较

概念	年份	代表学者	主要观点
大都市连绵区	1988	周一星	以都市区为基本组成单元，以若干大城市为核心并与周围地区保持强烈交互作用和密切的社会经济联系，一条或多条交通走廊分布的巨型城乡一体化区域
城市群	1992	姚士谋	城市群（urban agglomeration）指在特定的地域范围内具有相当数量的不同性质、类型和等级规模的城市，依托一定的自然环境条件，以一个或两个超大或特大城市作为地区经济的核心，借助于现代化的交通工具和综合运输网的通达性，以及高度发达的信息网络，发生与发展着城市个体之间的内在联系，共同构成的一个相对完整的城市集合体

续表

概念	年份	代表学者	主要观点
城镇密集区	1995	孙一飞	城镇密集区指两个或两个以上30万以上人口的中心城市以及与中心城市相连的连片城市化地区
都市圈	1997	王建	都市圈的地理含义是指在现代交通技术条件下，直径在200～300千米，面积在4万～6万平方千米，人们可以在一天内乘汽车进行面对面交流的特定区域
城市经济区	1999	顾朝林	从其结构形态看，它是以大、中城市为核心，与其紧密相连的广大地区共同组成的经济上紧密联系、生产上互相协作、在社会分工中形成的城市地域综合体。中心城市和周围腹地是构成城市经济区不可缺少的两大要素
城镇集群	2000	张京祥	城镇集群是指一定空间范围内具有密切的社会、经济、生态等联系，而呈现出群体亲和力及发展整体关联性的一组地域毗邻的城镇。其区别于一般区域内多城镇分布的表象是其内部空间要素较为密切的联系，这种联系的紧密程度又直接导致了城乡混合区、都市区、都市连绵区等多种城镇群体空间亚形态的出现
城市联盟	2008	王家祥	城市联盟是以经济、社会、自然、资源等联系密切的区域为基础单元，以区域经济一体化为目标，通过构建城市协商、对话、沟通、交流、合作和协调的多层次平台，逐步实现特定区域的城乡规划统一实施、生产要素有机结合、基础设施共享共建和各类资源优化配置，从而实现城市和区域共同发展
城市群	2015	方创琳	以一个特大城市为核心，由至少三个以上都市圈（区）或大中城市为基本构成单元，依托发达的交通通信等基础设施网络，所形成的空间相对紧凑、经济联系紧密并最终实现同城化和一体化的城市群体

资料来源：笔者根据陈美玲（2011）整理所得。

纵观不同学者对城市群概念的不同定义可知，它是一个有中国特色的概念，官方翻译为"urban agglomeration"。总体来说，学者们对城市群相关概念进行的界定和描述并未达成一致意见，虽然"城市群"概念在国内已有 20 多年，却不能够有效区分城镇体系、都市连绵区等概念，且存在对"城市群"概念本身的不同理解，这种不统一导致了对城市群开展深入研究不够，例如由于缺乏城市群范围界定，导致对城市群判断指标的多样性和发展规划的模糊与自相矛盾。

二、城市群形成发展机制及影响因素

路易斯·芒福德（2009）在《城市文化》一书中强调城市规划要重视人文因素，系统阐述了城市的起源和发展。埃利尔·沙里宁（1986）在《城市：它的发展、衰败和未来》一书中提出了"有机疏散"理论，目的在于缓解城市机能过于集中所产生的弊病，防止城市持续衰退，解构中心城市。佩鲁（Francois Perroux，1950）提出增长极理论，这是城市群形成机制研究的一大理论贡献。约翰·伦尼·肖特（2015）在《城市秩序：城市、文化与权力导论》一书中认为，大都市区的发展具有一种流动性，并对美国的都市带开展了实证研究。惠贝尔（Whebell，1969）提出"走廊理论"（theory of corridors），详细阐述了中心走廊经济形态的演化过程。弗里德曼（J R Friedmann，1964，1973，1976）深入研究区域城市群的形成和发展，并进行了拓展研究。罗伯特·朗（Robert Lang，2003，2005，2007）提出"新型跨都市地理模式"的概念，深入研究城市群理论的演变过程、城市群区域本身的演变、城市群区域中大都市核心的演变。国内研究方面，孟祥林（2006）在分析单个城市发展的基础上深入研究了城市群的形成问题。张亚斌、黄吉林和曾铮（2006）分析线形经济体的城市群形成过程。姚士谋等（2007）指出，城市群的形成机制主要在于该群体的内聚力所产生的吸引集聚功能和辐射力所产生的扩散辐射功能。王婧和方创琳（2011）分析发现，城市群发育程度与对外开放程度和承接的产业转移及技术转移的数量息息相关。李辉等（2020）实证检验了土地出让对长江中游城市群经济辐射的影响效应及其形成机制。谢永琴等（2021）提出，粤港澳大湾区的多中心网络化布局经历了由广州单极放射向广深港多极组团网状发展的演变过程，呈现"多核、多轴、多团体"的空间特征。部分学者还从其他角度对城市群的形成机制进行分析，如空间演化、经济一体化、产业竞争力、城镇化、政府合作等（叶玉瑶，2006；孙峰华、魏晓和王富喜，2007；蒋勇和黄鹄，2009；王发曾和程丽丽，2010；臧锐等，2010）。

总体来说，城市群形成机制涉及内生和外生机制两大类，内生机制主要包括工业化促进了城市化，集聚、扩散与协调促进了中心城市规模的扩大，城镇间联系加强导致向城市群阶段的过渡。外生机制主要包括全球化和跨国公司的崛起、体制和政策机制的变革、历史和地理环境的现实基础。随着经济的发展，具有优越区位条件的城市迅速成为地区经济发展的增长极，集聚效应开始产生，然后再产生扩散效应，彼此不断强化，中心城市的规模继续扩大，且不断与其他城市相互作用、相互联系，城市群开始出现。简言之，中心城市的集聚与扩散效应是推动城市群形成的重要动力机制，随着时间的推移，新的影响因素也会随之出现，城市群形成机制将增加新的动力源。

在厘清形成机制的基础上，国内外学者也深入研究了影响城市群成长发展的因素。瓦恩斯（Warnes A M，1991）研究表明，城市人口的聚集和扩散是核心影响因素。埃伯纳（Ebner M H，1993）指出，教育、科研以及信息等产业对城市群的形成产生显著的影响作用。谷人旭（2000）研究了产业联动发展体系对日本关西都市圈的影响。板仓胜高和陈忠暖（2003）研究表明，工业聚集体是都市圈产业的基本特点。津川康雄（2012）研究指出，城市人口与零售商业分布是其影响因素。富田和晓、藤井正和王雷（2015）认为，集中分布相对减少，多中心成为普遍现象。国内研究方面，顾朝林和张勤（1999）分析了经济全球化对中国城市发展的影响。姚士谋等（2001）认为，影响城市发展的因素主要

有内聚力、辐射力、联系率和网络功能等。乔彬和李国平
（2006）提出，城市群的发展动力是聚集经济，而聚集经济
的核心内容是范围经济和规模经济。叶玉瑶（2006）提出，
城市群演进动力有市场驱动力、政府调控力和自然生长力三
种类型。庞晶和叶裕民（2008）提出，企业在不同侧面的生
产活动决定着城市群的产生、发育与成长机制。韦功鼎和李
雪梅（2019）提出，高速铁路主要从要素流动、产业分工、
空间格局和知识溢出 4 个路径来影响城市群发展。梁志霞和
毕胜（2020）基于京津冀城市群城市发展数据，探究了城
市发展质量差异的成因。

总体来说，学者们对城市群发展机制和影响因素的研
究，有助于编制城市群规划和城市群区域协调发展规划，从
而谋求城市群经济的可持续发展。由于学者的研究范畴不一
致，例如经济学、地理学、管理学、社会学等，导致影响因
素多种多样，且无法判定哪些影响因素属于关键因素，这为
研究城市群的可持续健康发展提出了挑战。一般来说，基本
都是通过实证研究寻找影响因素，例如交通、人口、产业、
环境等，但是缺乏对不同因素之间的相互关系以及各因素的
作用强度展开深入研究。同时，随着信息时代的发展，要素
跨区域流动、信息实时共享、产业空间转移等新因素对城市
群发展的影响逐渐加强，这一切使得城市群作用机制和影响
因素的研究缺乏时效性。

三、城市群与区域经济发展的关系

克里斯塔勒（2011）在《德国南部中心地原理》一书中提出了中心地理论，这是城市群研究的基础理论之一。赖恩·贝里（Brian J. L. Berry，1964，1970）发展了中心地理论，把城市人口分布与服务中心的等级联系起来，使城市系统研究进入一个新的阶段。沃尔科特（S Walcott，2014）及皮特里斯、萨格登和威尔逊（C Pitelis，R Sugden and J R Wilson，2006）在其著作中详细阐述了城市群发展与区域经济发展的相互影响。斯帕普、哈蒙和鲁宾（T F Slaper，K M Harmon and B M Rubin，2018）研究城市群的产业集群对区域经济发展的影响。胡建新和王二林（2000）分析认为，香港都市圈、上海都市圈的快速发展带动了周边地区经济发展的步伐。王青（2004）总结出城市群对区域经济发展的三大推动作用。孙森和卢紫珺（2007）认为，城市群对区域经济发展可以通过不同的方面发挥作用：一是作为增长极，带动周边地区乃至全国经济的发展；二是可以实现资源的合理配置，促进地区产业结构不断优化，形成良好的产业布局。宁越敏（2011）分析了中国 13 个大城市群在区域经济发展中的引领作用。李东光和郭凤城（2011）分析认为，产业集群与城市群协调发展对区域经济发展具有明显的带动作用。苏永乐和陈鹏（2013）研究发现，城市群发展对区域经济一体化演进起到两大作用。梁经伟等（2018）研究发现，物质资本、人力资本、研发创新和金融发展影响粤港澳大湾区城市群经济发展。崔广亮（2019）从理论上论证了城市集聚与区域差距存在倒"U"型曲线关系。

总体来说，城市群对区域经济发展的影响主要来源于群内中心城市的增长极作用，通过中心城市的集聚扩散作用，从而带动城市群内非中心城市的快速发展，最终逐渐演变成"城市群经济"。

四、城市群理论小结

国内外学者对城市群理论开展了大量丰富的研究，这为本书开展粤港澳大湾区研究提供了翔实的理论和实践基础。通过文献梳理发现，目前对城市群的研究归纳起来出现四个新趋势：一是对城市群基本概念的再认知。部分学者（宁越敏，2016；方创琳，2017）提出，在城市群发展逐渐引领中国新经济发展的背景下，城市群范围界定、城市群内各城市的功能定位和协调应进行科学合理的分析。二是对单个城市群开展了分层次差别化研究。在研究早期，大多数研究内容比较模糊，提出的对策缺乏现实指导意义，随着国家和地方政府对城市群规划政策的密集出台，学界开始针对单个城市群进行深入分析（张荣天，2017；陆大道，2017；周虹、刘文昊、郁瑾，2017）。三是对城市群发展模式的深入研究。部分学者认为中国的城市群建设应该区别对待，分层分级建设和培育。例如，在2014年12月举办的"中国城市群发展高层论坛"中，诸多学者提出的京津冀城市群协同发展优化模式、长江三角洲城市群扩围模式、珠江三角洲城市群的"两条腿"并重发展模式、辽中南城市群空间整合模式、哈长城市群"井"字型空间组织模式、中原城市群战略整合模式、关中城市群的均衡组织模式。四是对城市群的发展开始多角度观察，引入不同方面指标对城市群发展品质进行考评。这不仅打破了学科和地域的限制，同时还结合新的研究方法展开实证研究。例如，文化型城市群（刘士林，2013）、生态型城市群（匡跃辉，2015）、创新型城市群（朱俊成，2013）、资源型城市群（王亚男等，2013）等新名词。只有认真梳理和分析国内外学者对城市群的研究现状，才可以为我国城市群研究、规划和建设提供更加坚实的理论基础和科学指导。

但是，学者们对城市群的研究仍然存在以下五个问题：一是城市群概念方面尚未统一，我国城市群的形成与发展不同于国外学者所提及的"城市群"概念和特征，需要进行仔细借鉴和区别，应抓住城市群的集聚和扩散功能特征，寻找城市群区别于普通城市区域的特征，尽快统一概念。二是城市群的评判标准不统一，许多学者根据不同的标准，划分了很多不同的城市群名称，造成了一定的混乱，这为我国编制城市群规划造成相当的困难，同时也出现了盲目跟风，争入城市群规划的现实乱象。三是研究城市群对区域经济的发展影响时，基本只关注正面效应，而忽视对区域经济的负面效应，例如带来的环境污染、经济差距扩大等，这违背了经济常识，也忽略了城市群发展的客观规律。四是形成动力机制研究不足。研究仅停留在表面的定性阐述，内容比较空洞，形成机制的影响因素考虑不全，未能展开对深层作用机制的影响因素进行实证研究和综合影响判断。五是大多数学者采用传统经济学、经济地理学、城市地理学等学科方法对单个城市群展开多角度研究，而忽略城市群间的空间互动关系。

第二节　区域协调发展理论

区域协调发展理论主要包括均衡发展理论和非均衡发展理论，目前，非均衡发展理论已是学术界普遍接受和认同的主流理论。为此，国内外学者展开了丰富多样的研究，特别是国内学者围绕区域协调发展理论提供了大量的实践研究，这为本书研究粤港澳大湾区区域协调发展提供了相当有价值的参考。

一、国外区域协调理论和实践研究

区域均衡发展理论包括罗森斯坦·罗丹的大推进理论（P. Rosenstein-Rodan，1943）、纳克斯的平衡增长论（Nurkse R，1953）、纳尔逊的低水平陷阱理论（RR Nelson，1956）和赖宾斯坦的临界最小努力命题理论（Harvey Leeibenstein，1958）等，其相关理论内容不再赘述。自 20 世纪 50 年代开始，区域经济发展研究主要围绕区域非均衡发展而展开，其中充分肯定市场机制调节效果的国外学者有诺思（North，1955）的出口基地理论、保罗·萨缪尔森（Paul A. Samuelson，1999）的新贸易理论。另外许多学者则认为市场机制并非万能，政府必须适时干预，这一理论观点得到丰富和发展：一是以佩鲁（Francois Perroux，1955，1962）为代表的"增长极"理论，后期代表学者有布代维尔（J B Boudeville，1959）、弗里德曼（J R Friedmann，1968），这使得区域增长极理论成为其他学者理论的基石。二是以缪尔达尔（Gunnar Myrdal，1960）、卡尔多（Nicholas Kaldor，1978）为代表的循环积累因果理论，后期代表学者有迪克逊和瑟尔沃尔（Dixon & Thirlwall A P，1975）。三是以赫希曼

（Albert Otto Hischman，1958）为代表的"不平衡增长"理论，也称为"梯度推移"理论，甘塔加尼斯和金德尔伯格（Gartaganis，A. J. & A. S. Goldberger，1955）、汉斯·辛格（Hans W. Singer，1965）、罗斯托（Rostow，1971）等都发展了这一理论。四是以弗里德曼（J R Friedmann，1964，1973，1976）为代表的"核心—外围"理论，也称为"核心—边缘"理论、"中心—腹地"理论或区域发展的二元性理论，随后大量学者开始了拓展运用，例如，迈奥斯克（Miossec，1976）、戈曼森（Gormsen，1981）、克鲁格曼（Paul Krugman，1991）等。五是以威廉姆逊（Williamson，1965）为代表的倒"U"型理论，相应地，一些经济学家们也提出了相类似的观点，例如，罗伯特·M. 索洛（Robert M Solow，1957）、罗伯特·J. 巴罗（Robert J Barro，2000）等。

国外学者同样也对区域协调发展开展了实证研究。徐（Tsui，1989）分析发现，1952～1985 年中国区域差异变化不明显。罗泽尔（Rozelle S，1994）分析发现，1984～1989 年中国东部沿海省际差异急剧扩大。萨克斯和瓦尔纳（Sachs J D and Warner A. M，1996）分析发现，1953～1993 年中国地区经济增长出现明显趋同。陈和弗莱塞（Chen J and Fleisher B M，1996）分析指出，改革开放前中国各省人均产出呈趋异状况，而改革开放后我国经济则表现为条件趋同。德瓦拉贾等（Devarajan et al. , 1996）研究得出，经常性支出对经济增长存在正效应，资本性支出和生产性支出过度使用则与经济增长负相关。芬格尔顿（B Fingleton，1999）研究了欧洲区域经济收敛性问题。金和克纳普（Kim T J and Knaap G, 2001）研究了1952～1985年中国地区经济发展政策和地区差距问题。德穆格（Démurger S, 2001）考虑经济地理因素对区域经济增长的影响。藤田和胡大鹏（Fujita M & Hu D, 2001）研究了1985～1994年中国地区差距问题。古普塔、达武迪和阿隆索（Gupta S, Davoodi H and Alonso Terme R, 2002）把整体区域经济环境作为一个黑箱系统，推测协调系数的发展趋势，并运用实证研究方法对加州实际情况进行验证，其结果与算法结果趋于一致。鲍曙明等（Bao S et al. , 2002）研究认为，地理因素是区域差距的主因。本杰明·琼斯和本杰明·奥尔肯（Jones B F and Olken B A, 2005）研究了政府对经济增长的影响。克劳斯·舍勒（Scherer K R, 2007）通过构建GAH－S评价体系对区域间经济联系、区域间经济差距、区域间经济增长差异三个方面进行评价，并以此衡量区域经济发展的协调程度。索卡斯基和普罗恩萨（Soukiazis E and Proenca S, 2008）研究了南欧国家旅游对经济增长的影响。李和魏（Li Y and Wei D Y, 2009）引入空间分析模型分析中国区域经济差异。塞尔吉奥和蒙托里（Rey S J and Montouri B D, 2010）研究了美国区域经济收敛性问题。杰弗里（Hewings G J D，2014）研究了美国区域经济交易政策与财政政策的空间效应。可以看出，国外学者对区域协调发展的理论与实践研究相当丰富，特别是在理论研究方面，对我国经济社会发展起到了相当大的影响，在实践研究方面，许多国外学者针对中国区域经济发展情况也形成了丰富的研究成果。

二、国内区域协调发展应用研究

我国学者对于区域协调发展问题的研究沿用了国外学者的区域非均衡发展思路，研究源于 20 世纪 90 年代，大多数学者研究内容涵盖区域协调发展的内涵、模式、测度指标及对策等方面，定量分析相对比较丰富，研究对象所含范围包括国家、省域和市域层面。

（一）区域协调发展的内涵研究

蒋清海（1995）认为，区域协调发展是区域间相互开放、相互依存和共同发展。申玉铭和方创琳（1996）认为，区域协调发展是区域人口、资源、环境、发展四个系统循环往复的动态过程。张敦富和覃成林（2001）认为，区域协调发展是经济上交往密切、发展上关联互动，从而达到各区域经济持续发展的过程。高志刚（2003）认为，区域协调发展是在保持国民经济适度增长下，区域间的经济差异合理适度，从而实现各区域优势互补、共同发展和共同繁荣的一种区域经济发展模式。陈秀山和张若（2006）认为，区域协调发展是既要保持区域经济整体增长，又能促进各区域经济发展，地区间发展差距合理适度，从而达到共同发展的一种区域发展战略。张可云（2007）认为，区域协调发展是在非均衡发展过程中不断追求相对均衡和动态协调的发展过程，其最终目标是实现区域和谐。郝寿义（2008）认为，区域协调发展是不同区域在认清自身约束条件下，通过政府调控，形成合理分工，保持经济、人民生活水平的合理差距，以及人与自然和谐发展的状态。孙海燕和王富喜（2008）认为，区域协调发展是区域内部的和谐与区域外部的共生。覃成林和姜文仙（2011）认为，区域协调发展是各区域之间经济联系日益紧密、区域分工更加合理、经济社会发展差距逐渐缩小并趋向收敛，整体经济效率持续增长的过程。刘俊英（2012）认为，区域协调发展是在保证整体经济持续增长和效率不断提升的情况下使区域在非均衡发展状态下不断追求区域间的相对平衡和动态协调的过程，进而使得区域经济差异在适度范围内，最终充分发挥各个区域间的比较优势，相互促进、共同繁荣的经济协同模式。吴净（2013）认为，区域协调发展是以区域开放为前提，以区域共同发展为目标，以非均衡发展为特征，通过区域分工，使区域内经济联系日益密切，区际经济联系更加顺畅，区域经济从整体上实现持续健康的发展，从而在根本上推动区域的一体化进程。孟骞（2015）认为，区域协调发展是各区域之间所形成的相互依存、相互适应、相互促进、优势互补、各区域经济均持续发展且区域经济差异趋于缩小的动态过程。于源和黄征学（2016）辨析了区域协调发展内涵及特征。范柏乃和张莹（2021）从经济学和管理学视角，在区域协调发展的理念认知、驱动机制和政策设计三个方面进行了文献综述。

（二）区域协调发展模式研究

高志刚（2003）提出了新疆区域协调发展模式。崔大树和张国平（2004）将区域协调发展模式归纳为区域互动、城市联动和城乡共同发展模式。卓凯和殷存毅（2007）认为，合作模式是一种新型治理模式，但是提出合作模式要有前期基础保障。周鹏和潘嶂（2008）指出，长江三角洲区域社会总体的经济协调发展模式是"政府统筹、市场调节"模式。郭素芳（2010）提出了天津区域协调发展的良性非均衡互动一体化模式。魏振香和赵桂珍（2015）构建出黄河三角洲区域协调与合作发展模式，一是以政府为主导的区域梯度发展合作；二是以企业为主体的产业经济合作。高云虹和李敬轩（2016）分析了产业转移推动区域协调发展的内生发展机制和外生驱动机制，以及要素流动路径、分工专业化路径、产业集聚路径和空间结构优化路径等四条传导路径。翟战平（2019）提出了数字经济浪潮下的区域发展新模式。

（三）区域协调发展测度指标研究

国内学者对区域协调发展的评价测度主要在于构建区域协调发展评价指标体系，然而至今尚未形成一个客观的、普遍认同的测度指标体系。韩兆洲（2002）从四个方面设计了 16 个指标，并运用 AHP 权重确定法对区域协调发展进行综合评价。彭荣胜（2007）提出三个具体指标评价区域协调发展程度。左振宇、叶春华、何建敏和庄亚明（2012）构建了基于 ANP – ER 的区域协调发展水平测度模型。覃成林、郑云峰和张华（2013）用平均赋权法将区际经济联系、区域经济增长、区域经济差异值合并成一个反映区域协调发展水平的综合指标。王曙光和梁伟杰（2017）构建四个指标体系对我国四大区域协调发展水平进行了测度。庞玉萍和陈玉杰（2018）对区域协调发展概念的内涵和测度方法进行了文献综述。邹颖（2019）从经济增长、区际联系、经济与环境关系三个方面对区域协调发展做出明确定义。刘琛（2020）主要根据区域经济发展协调度理论，通过建立一个多层次的评价指标体系，对区域经济发展的协调进行了定量分析。

（四）区域协调发展对策研究

由于不同学者对区域协调发展内涵、本质和影响因素的理解存在较大差异，研究视角多样化，研究范围涉及国家、省市和县域等，研究时段又各不相同，采用的评价指标体系也未广泛统一，因此，得到的实证结论差异较大，对策建议不尽相同，甚至互相矛盾。段雨澜（2003）提出平抑东西部地区税负差异的对策。吴忠泽（2004）提出完善国土规划体系和构建区域创新体系的对策。何枫、陈荣和何炼成（2004）提出全面提高各省对外经济开放程度的对策。朱文晖和张玉斌（2004）提出通过市场力量突破行政力量，并主导区域分工的对策。殷存毅（2009）提出实现区域基本公共产品与公共服务均等化的对策。刘晓英（2011）分析人力资本对湖南省经济协调发展的影响，并提出相应的政策建议。傅允生（2013）提出可以通过产业转移与劳动力回流促进区域协调发展。刘俊英（2013）实证分析公共支出规模结构调整对区域协调发展的影响，并提出相关的政策性建议。李新安（2013）提出生产要素区际流动有利于推进区域协调发展。沈蕾和胡青江（2013）分析新疆区域经济差异产生的原因，并针对欠发达地区提出相关区域协调发展对策。倪鹏飞、刘伟和黄斯赫（2014）研究证券市场对区域协调发展的影响，认为长期来看，证券市场发展将促进区域收入差距收敛，并提出相关的政策建议。王淑梅、董梦瑶和李慧敏（2014）指出现行行政区划对区域协调的不利影响，并提出相关建议。杨萍（2014）研究技术创新网络与区域经济耦合关系，并提出相关建议。骆泽顺和林璧属（2015）基于经济增长收敛理论，研究旅游发展促进区域协调发展的问题。黄剑辉和李洪侠（2015）从规划、财税、金融、贸易和投资等方面提出相关政策建议。罗富政和罗能生（2016）分析非正式制度歧视路径下地方政府行为对区域协调发展的影响，并提出针对性的改进意见。徐盈之、郭进和周秀丽（2016）研究碳税对区域协调发展的影响，并提出对策建议。党文利、张莲蓬和欧向军（2017）提出，提高市场化程度、发挥政府作用、加强基础设施建设、调整产业结构和优化空间布局来协调区域经济发展。马孝先（2017）在对国内学者研究的基础上系统地分析区域协调发展的内生影响因素与外部耦合机制，提出区域协调发展多重耦合机制分析框架。李晋、曹云源和孙长青（2018）实证表明，河南省区域经济发展存在较大差异，并提出相应的对策建议。张超和钟昌标（2020）提出，要通过强化区域生态环境保护、提高区域公共服务质量以及推动区域开放合作交流来促进新时代我国区域高质量协调发展。李琢（2021）论述了我国区域经济协调发展的趋势与特征，提出促进区域经济协调发展的具体措施。

三、区域协调发展理论小结

在经济全球化和区域经济一体化的背景下，区域内或区域间的市场依存度和空间紧密性不断提升，但是发展不平衡却是面临的现实难题，也是理论学者和各级政府关注的焦点。从上述国内外学者的研究成果可以看出，区域非均衡发展理论得到了学界和政府的广泛认同，而对其开展的实践研究成果非常丰富，目标都在于如何解决从不均衡—均衡—不均衡的螺旋式上升的经济发展问题，以此追求从不平衡发展中求得相对平衡，从而遏制区域差距扩大，推动区域经济一体化。但是纵观其丰富的研究成果，仍然存在五大问题：一是区域协调发展内涵未统一认识。目前存在较多争论，但是都认为要缩小经济差距，实现各要素的自由合理流动，实现区域内的各类协调，实现密切的经济交往和互动，促进经济增长和区域一体化。二是区域协调发展模式存在以局部替代整体，以偏概全的事实。构建一个规范统一的区域协调发展模式，必须满足资源的有效配置、信息成本最低和激励兼容，而要满足这样的条件，必须全域考虑，顶层设计，从区域协调发展的根本目标入手。概况来说，区域协调发展的目标包含三大子目标，即加强区域经济联系、保持区域经济增长和缩小区域经济差距。三是区域协调发展的影响因素分析不足。由于缺乏考虑每个区域具体变化特征及趋势，特别是一些区域存在空间相互依赖的交互特征后，大多学者仍将该区域看作独立且均质的个体单元，这就导致政策建议的局限性或者不可行性。四是区域协调发展评价指标体系复杂多样，未有公认的广泛运用的指标体系。理论上来讲，一个科学的统计指标体系直接影响和决定了评价结果的可靠性与可信性，即信度和效度问题，在构建指标体系时应遵循初步构建、初步筛选、定量筛选、合理性核对和反馈性检验五个阶段（彭张林等，2017）。目前大多数学者都是基于已有知识和个人判断而形成的指标体系，缺乏对指标体系进行严密的统计分析和信度效度分析，这就造成科学上不严谨不可靠，实践上出现政策偏差或政策冲突等特征。五是忽视了协调发展与极化发展之间的矛盾。大部分学者对区域划分方式要么根据地理区位划分或行政划分，要么采用一些简单的经济指标进行划分，这与区域经济发展形成的新格局不符，特别是交通基础设施的便利程度越来越高，信息网络技术越来越发达，各种生产要素跨区域流动越来越明显，这会由于经济空间分工与专业化的结果导致区域间的极化发展。虽然存在上述问题，但是国内外学者们提出了不同的区域政策方案和政策工具，这些对于区域协调发展后续研究仍然具有重要意义。

第二章 府际竞合评价指标体系构建

第一节 竞合理论

本书提出的府际竞合概念源自竞合理论和府际关系理论，因此，本章对这两个理论进行系统梳理后，正式提出府际竞合的概念及特征，并根据国内外学者的研究总结，从理论上构建出府际竞合指标体系。

一、竞合的概念

合作竞争理论（cooperation-competition theory）是 20 世纪 90 年代开始产生并发展起来的企业管理理论，主要研究对象为企业。1995 年，亚当·布兰登勃格（Adam M. Brandenburger）和拜瑞·内勒巴夫（Barry J. Nalebuff）指出，合作竞争的含义是当不同企业在共同创建一个市场时，企业间运作表现为双方合作；当不同企业就市场进行分配时，企业间运作表现为竞争。此后，竞合理论研究呈现逐步上升的趋势，过去几年中，学者们主要聚焦研究企业内部层面、企业和企业间网络层面的竞合，然而研究范围经常不相关联，内容涉及不同的术语、理论视角和主题。因此，首先需要明确竞合的概念，重点分析竞合内涵的内在异质性问题。

根据学者本特松和拉扎乌拉（Maria Bengtsson & Tatbeeq Raza-Ullah，2016）的文献综述，许多学者对竞合概念的内涵解释千差万别，因此他们把不同学者对竞合概念的解释分成了两大类：行动者学派和活动学派。行动者学派对竞合定义得比较宽泛，主要是围绕价值网络（value-net）展开，活动学派则是聚焦于竞合关系，强调公司间在一些活动方面合作，同时在另外一些方面竞争，表现为一种直接的一对一的竞合。沃伊切赫等（Wojciech Czakon et al.，2016）通过对1997~2010年的英文文献综述，提出了竞合概念的五大特征，即竞争与合作同时发生、互惠互利、复杂性、动态性、产业重塑。根据学者们对企业竞合概念和内涵的阐述，本书认为，竞争与合作是一个多层次多维度的动态化过程，是一种对立统一，合作并不否认竞争，企业间在创造和分享价值的过程中，形成了一种在合作中展开竞争、在竞争中寻求合作的二元关系。

二、竞合的测量研究

目前，国内外学者对竞合量表的开发和实证研究较少，主要还是用传统的竞争或合作行为进行相关度量。蔡文彬（Tsai W，2002）用组织内部各部门间的知识分享来表示组织内合作，用内部资源竞争和外部市场竞争两个维度表示部门间竞争。加西亚和贝拉斯科（Garcia & Velasco，2002）采用与直接竞争对手的合作、与上游合作方的竞争、与上游合作方的单纯合作、与下游合作方的竞争和与下游合作方的单纯合作五个变量来测量竞争对手间和上下游伙伴间的竞合关系。格尼亚瓦利等（Gnyawali et al.，2006）运用竞争行为数量和竞争行为多样性两个指标来测量竞争行为。陆亚东（Luo Y，2007）设计了跨部门合作强度、跨部门合作能力和跨部门竞争三个变量来测量竞合。李健和金占明（2008）构建了企业间竞合关系的衡量指标，竞争关系指标包括赫芬因德指数、集中度比率、企业相互作用敏感度、企业数量等，合作关系指标包括合作产出比率、资源投入量、相互依赖程度和合作时间。徐亮等（2009）提出了竞合战略测量指标，竞争关系指标包括市场共同性和资源相似性，合作关系指标包括信任和承诺。田玉英、黄昶生和马海宁（2013）

从宏观指标、技术进步指标和内部指标三个方面构建了区域石油产业链中游企业横向竞合评价指标体系。王栋晗、贾鹿和张珊（2016）运用因子分析的方法，建立了企业竞合关系评价体系和评价模型，将企业竞合关系得到量化。吴菲菲、米兰和黄鲁成（2019）提出了基于技术标准的企业竞合关系分析与竞合策略选择的研究框架，该框架以资源依赖理论和竞合理论为基础，建立了标准创新企业竞合关系的评价指标体系，并构建了企业"资源—策略"的竞合关系评价模型。总的来说，目前还没有公认的竞合量表来对企业间的竞合关系开展实证研究，上述学者从不同层面提出了相关的指标并构建了量表，但是信度和效度仍有待进一步检验。

三、竞合理论模型研究

国内外学者对竞合理论模型的构建在于认清竞合的前因变量、结果变量、竞合类型及竞合的互动和演化过程，以便突破现有竞合理论的边界，构建清晰的、严格的、统一的竞合理论框架。

（一）竞合的前因变量研究

布兰登勃格和内勒巴夫（Brandenburger & Nalebuff,

1995）指出，竞合的成因来自价值的创造和分配。本特松和科克（Maria Bengtsson & Soren Kock，1997）指出，组织间资源的异质性及其所引发的依赖性是企业竞合的重要决定因素。斯堪查尼（M Scanziani，2002）指出，要维系组织长期的竞合关系，就必须解决组织的稳定性问题，提出新型企业价值链上的各个过程都应该将相关利益者进行有机整合，以此来获取竞争优势。格尼亚瓦利（Gnyawali，2006）指出，企业在竞合网络中所处的地位会影响企业的竞争倾向。沃利和基斯（Walley & Keith，2007）指出，内、外部两方面的因素共同影响企业竞合倾向，影响组织间竞争倾向的关键变量包括实力不对等、环境恶化、客户争夺、利益冲突等，影响组织间合作倾向的关键变量有相互依赖性、资源互补性、环境压力、关系质量等。马里亚尼（Mariani，2007）认为，所在地区的行业政策作为一种制度因素影响企业间竞合关系。本特松等（Maria Bengtsson et al.，2016）指出，企业间竞合能力能够调节竞合间的紧张程度。斯蒂芬妮等（Stefanie Dorn et al.，2016）把企业间竞合的前因变量大致分为：市场条件（包括环境因素、监管机构和法律等外部环境）、企业间合作关系的特征（资源的共享性、信任水平、紧密联系程度）、企业自身因素（参与竞争的意愿、可能性或能力）。雷森迪等（Resende et al.，2018）通过实证分析，提出了企业在企业网络层面中实现竞合的 12 个关键成功因素（CSF）。李扬（2001）指出，合作伙伴关系的基本构成要素是保证竞争战略的必备条件。夏善晨（2003）从参与国际经济合作的角度分析企业竞合成功的关键是要有市场差异性。周长辉（2005）分析同业合作的产业条件，提出产业技术发展越快，不确定性越大，合作出现的可能性也越大。徐亮、张宗益和龙勇（2007）从市场规模和技术创新的角度补充了竞合关系的影响因素。王庆华（2007）认为，通过塑造合作导向的集群文化、限制机会主义、组织协调和政府干预等措施，可以提升企业竞合关系。刘小铁（2012）从规模经济、范围经济、溢出效应和品牌效应等方面，采取定性分析与博弈分析相结合的方法进行剖析产业集聚效应对企业竞合行为的影响。于丽英和戴玉其（2013）运用模糊 QFD和模糊 TOPSIS 方法，分别设计了竞合关系影响因素的重要度和改进需求度评价方法，进而实证研究了长三角区域科技创新竞合关系影响因素的重要度排序等内容，最后提出优化长三角区域科技创新竞合关系的建议。万幼清和王云云（2014）深入剖析在协同创新系统中企业间竞合关系的动因、影响因素和类型。霍丽莎（2022）梳理了联盟竞合驱动因素，针对核心企业与互补企业联盟竞合的驱动因素分析发现，与非合作相比，在上游零部件单位生产成本较低的情况下，核心企业与其互补企业更倾向于纵向竞合；针对核心企业与竞争企业联盟竞合的驱动因素分析发现，创新动机增强、利润增加、行业利好和消费者福利的提高构成了核心企业与竞争对手开展联盟竞合的重要驱动因素。总的来说，前因变量研究重点聚焦企业间竞合关系形成与发展的原因，一般来说，影响企业间竞合关系的原因主要包括市场环境因素、企业间合作关系的特征、企业自身因素等。

（二）竞合的互动和演化研究

本特松和科克（Bengtsson & Kock，1999）研究表明，企业竞争对手间竞合关系难以管理。蔡文彬（Tsai，2002）指出，外部环境特征和企业特征的变化都会导致原有的竞合关系发生演化。杨海轮（2002）重点分析企业从对抗性的竞争转到合作性的竞争上所取得的收益。宋冬梅和张云宁（2004）分析合作竞争博弈中复杂性存在的根源，描述合作竞争博弈的长期演化趋势。林丽萍（2006）描述了两个企业间合作竞争博弈长期演化趋势。黄升旗（2009）认为，企业实施竞合战略的基础是每个企业都从事自己具有核心竞争能力的业务，进而形成企业价值链。李薇和龙勇（2011）认为，企业数量相对较少的市场结构更利于竞合关系发挥其提高产业集中度、形成规模效应的整合作用。田中禾和孙权（2012）分析了集聚经济下产业集群内竞合行为的二次博弈过程及影响因素，研究结果表明，集聚经济下集群内竞合行为的演化博弈结果主要取决于违约成本、边际运输成本、边际交易成本、博弈双方的初始状态等因素。韩文海和邱国栋（2016）指出，非正式契约对正式契约的替代是现有竞合理论边界，竞合研究将从契约性到非契约性的竞合演进。谭维佳（2021）结合理论和案例分析方法对深圳新一代信息通信产业集群中的企业间竞合战略选择开展研究，研究发现，科研机构/大学作为产业集群的促进机构，在产业集群向创新集群的培育过程中可以在提高异质化程度、建立信任机制、支持创新活动方面发挥直接作用或者中介功能。总的来说，竞合的互动和演化重点关注企业间如何在竞争性与合作性之间取得平衡，这种关系随着时间阶段不同而发生动态变化，例如在竞合关系的形成阶段、管理与重塑阶段以及评估阶段，都会存在各种内外因素而导致关系发生变化。

（三）竞合的结果变量研究

凯尔（Hausken kjell，2000）提出，相关利益方和与其他利益间的竞合会影响利益方内部成员的积极性。加西亚和贝拉斯科（Garcia and Velasco，2002）指出，竞合战略比单纯的竞争或合作战略更能够提升企业的创新能力。米切尔·利维等（Levy M M et al.，2003）指出，企业竞合关系对企业间相互进行知识分享的效率和效果产生影响。勒希纳等（Lechner et al.，2006）实证显示竞争对手间的竞合关系有利于提高创新能力。陆亚东（Luo Y，2007）发现，组织内部跨职能部门竞合能提高企业的顾客和财务绩效。钟贵江（2007）通过博弈分析说明竞合战略能带来更大的收益。李振华和赵黎明（2008）用博弈研究论证企业合作竞争关系对效率的影响。徐亮等（2009）分析如何通过竞争、合作等机制对技术创新产生影响并进行实证研究。陈景辉和赵淑惠（2010）认为，集群内企业竞合对企业竞争优势的提升具有显著效应。赵红（2020）以1407家中国制造业企业为研究样本（2015～2017年的创新调查），讨论开放式创新（广度和深度）对创新绩效的影响，以及"竞合"关系在其中所起到的调节作用，结果显示，竞争关系有损于企业有效广泛利用的外部知识来源，但有助于警醒企业不要过度加深与外部知识网络的合作；同时，竞争关系扭曲了合作关系对开放式创新深度与创新绩效间的影响。毕学成、谷人旭和苏勤（2018）运用竞合关系模型与产业分工指数测度了2001～2015年江苏省制造业产业专业化、竞合关系等，研究发现，江苏省制造业区域分工整体上呈现出了先增大后减小的趋势，产业专业化与区域间的合作促进了区域产业分工，但是当区域间存在较大的经济发展差异时不利于制造业的区域分工，同时距离过近的区域间容易形成区域产业竞争关系，也不利于区域分工关系的形成。吴东、张宁和刘潭飞（2022）从竞合视角出发检视了企业竞合关系对其激进式创新的影响，通过对342家企业的大样本问卷调查数据的实证分析发现，纵向竞合关系和横向竞合关系对企业激进式创新均有正向影响。总的来看，竞合的结果变量研究重点聚焦企业间竞合对哪些结果产生影响，例如带来哪些竞争优势和潜在风险。一般认为，企业间平衡的竞合关系能为组织带来竞争优势，并有利于知识分享、能力互补及财务绩效提升；但也会带来潜在的冲突性、知识外溢的可能性及管理复杂性等问题。

（四）竞合类型研究

威尔金森和扬（Wilkinson & Young，1994）把竞合关系分为高合作高竞争竞合型、高合作低竞争伙伴型、低合作高竞争冲突型和低合作低竞争依赖型四种。本特松和科克（Bengtsson & Kock，2000）将竞合关系分为合作主导关系、对等关系、竞争主导关系。达格尼诺和帕杜拉（G B Dagnino & Padula，2002）将竞合关系进行扩展，提出了三种战略关系：行业内部企业间的相互关系、企业内部的关系、企业同不同的产业集群之间的关系。陆亚东（Luo Y，2005）将跨国公司的竞合关系划分为集聚型、分散型、网络型及关联型，并按照竞争与合作强度，将上述关系中的竞合角色界定为配合型、伙伴型、争斗型和孤立型。雷费克·卡尔潘（Refik Culpan，2014）提出了三种形式的竞合战略：先合作后竞争、合作与竞争同时进行、对内合作对外竞争。本特松和乌拉（Maria Bengtsson & Tatbeeq Raza-Ullah，2016）提出了一个 DPO（drivers-process-outcomes）竞合框架模型。项保华和任新建（2017）对企业的竞合行为进行了维度拓展。徐亮等（2007）指出竞争性企业间合作的 3 种关系，即竞争主导型、合作主导型和竞合对等型关系。郭鸿雁（2008）构建竞合数理特征模型、竞争排斥模型和合作替代竞争排斥模型三种竞合模型。薛丹丹（2011）根据合作竞争的原因，把合作竞争理论分成 5 种类型，并对这 5 种合作竞争理论进行了评价。韩文海等（2016）将竞合分为契约性竞合、超契约性竞合及非契约性竞合。马蔷（2017）通过跨案例分析与比较构建了互联网情境下平台企业竞合战略的理论框架，归纳出竞争占优的对抗型、合作占优的伙伴型、无明显互动的孤立型以及竞合共存的适应型四种竞合战略类型。高晗（2020）根据合作和竞争强度的高低，将企业竞合关系分为四类并进行定义，研究不同类型的竞合关系对企业创新绩效的差异化影响。总的来说，竞合类型研究主要根据特定的研究对象、研究范围和研究层次的不同来对竞合主体或竞合关系进行分类，并阐述每种类型的特点、管理手段和关键问题等（刘衡、王龙伟和李垣，2009）。

从以上研究可以看出，企业竞合分为企业内部竞合、企业间竞合、企业在所处的企业网络中的竞合三个层面，国内外学者们对竞争合作战略的认识都是从竞争走向合作，且是把企业合作和企业竞争分开研究，很少根据竞合本身的内在特征开展研究，例如，竞合概念中的核心特征——竞合强度和竞合能力还需要进一步通过实证研究来明确，由于企业竞合指标不明晰，导致难以分析竞合关系对相关结果变量的深入研究。基于此，本书进一步把竞合理论引入经济学领域，结合府际关系理论，用经济学视角对竞合概念、竞合的影响因素、竞合的测量指标进行深入分析，以期拓宽竞合理论的应用范围。

第二节　府际关系理论

学界对于府际关系理论的研究始于美国 20 世纪 30 年代的经济大萧条，实质上来源于美国联邦制度下的管理实践，随后出现一些学者开始关注联邦政府与下级政府间的互动（Clyde F. Snider，1937），直至 20 世纪 60 年代，安德森等（Anderson W et al.，1960）正式定义府际关系（intergovernmental relations，简称 IGR 或 IR）。随着政府职能的转变和新问题的不断出现，当前府际关系（即政府间关系）已成为国内外学者关注的热门课题。由于府际关系受制于各国国情差异，所以国外学者主要研究联邦制下的政府间关系，从宪政制度研究转向政府间互动（Robert Agranoff，1987；Mandell M P. , 1988；Michael D. McGinnis, 2000；McGuire Michael, 2006；B. Guy Peters & Jon Pierre, 2008；John Phillimore, 2013；A Edwards and D D Kool, 2015）。中国学者对府际关系的研究才 20 多年，且由于中国的历史背景，学者最初研究基本都是围绕中央与地方之间的纵向关系而展开，直到改革开放后推进市场化改革，中央与地方之间的职能出现转变，学界开始探讨政府间互动。根据已有文献归纳来看，国内外学者们主要从以下三个方面展开研究：一是对府际关系的内涵进行规范；二是对府际关系在各个领域的应用研究；三是对政府间的互动关系研究。本节主要从这三个方面进行相关文献梳理。

一、府际关系的概念

威廉·安德森等（W Anderson et al. , 1960）首次定义了府际关系，即各类和各级政府机构的一系列重要活动，以及它们之间的相互作用。查理斯（Wise Charles R, 1996）认为，府际关系是各级政府间为了执行政策或提供服务所形成相互关系的互动和机制。费利穆尔（John Phillimore, 2013）将府际关系（IGR）定义为政治体系内政府相互作用的过程和体系，包括纵向、横向和政策部门方面的维度，以及 IGR 的正式程度。林尚立（1998）认为，政府间关系主要指"各级政府间和各地区政府间的关系，它包含纵向的中央政府与地方政府间的关系、地方各级政府间的关系，以及横向的各地区政府间的关系"。谢庆奎（2000）认为，中国的府际关系主要包括四种关系，即中央与地方、地方与地方、地方政府内部、政府部门内部，同时认为府际关系本质来讲是一种利益关系，如何理顺和协调好府际利益关系成为研究的重点内容。陈振明（2005）在其著作中将府际关系定义为中央政府与各级地方政府之间横纵交错的网络关系，它既包括纵向的中央政府与地方政府、各级地方政府之间的关系，也包括横向的同级地方政府之间以及不存在隶属关系的非同级地方政府之间的关系。赵永茂（2012）在其专著中对府际关系进行了定义和深入探讨。

二、府际关系应用研究

从已有国内外文献来看，学者们主要集中在府际关系的内涵探究、府际管理研究、府际治理研究等领域的应用研究，并开展了丰富的实证研究。

（一）府际关系的内涵探究

佩因特（Martin John Painter，2001，2002）指出，目前对 IGR 的分析主要集中在 IGR 的正式结构和机构上，特别是那些与政府之间财务安排有关的机构。鲍劳奇考伊（Daniel Baracskay，2013）通过研究联邦制下的府际关系，提出了与 IGR 研究相关的三个主题，即 IGR 是一个协作的过程、IGR 与协作管理密切相关、IGR 的多样性是一把"双刃剑"，并探讨了未来的研究方向。张自谦（2010）主要深入、系统地研究了府际关系中的条块关系。张紧跟（2010）指出，府际关系的本质在于交易互利，只有通过有效的制度建设和网络化的治理结构来减少交易费用。颜德如和岳强（2012）指出，府际关系的发展趋势会呈现出纵向府际关系法治化、横向府际关系制度化，以及府际关系网络化。翁文阳（2014）归类出我国府际关系研究的三个阶段特征，并分类了不同学者研究的视角。徐宛笑（2015）对国内府际关系研究的内涵、主体与脉络进行了归纳。罗湘衡（2016）对中国府际关系的研究提出了目前的四大主流模式。张梦时（2017）围绕府际关系的形成体制、参与主体和具体过程等方面，对府际关系研究进行了述评。郑春勇（2017）认为，我国地方政府之间的"依附性"府际关系日益凸显，这种府际依附关系具有隐蔽性、局部性、多样性、地缘性和阶段性等特征。

（二）府际管理研究

罗伯特·阿格拉诺夫（Robert Agranoff，1987）提出府

际管理概念。戴尔·赖特（Deil Wright，1987）将府际管理定义为：为实现公共政策目标与公共行政任务，以促进和改善政府间关系的一种新型管理思维，其以问题解决、项目完成为最终导向，力求通过讨价还价、谈判以及解决纠纷的方式，并借由非科层制网络，以实现资源分享、关系协调以及任务实现。曼德尔（Mandell M P，1988）认为府际管理是一种新型的治理模式。麦圭尔（Mcguire Michael，2013）指出，讨价还价和谈判一直是政府间管理（intergovernmental management，IGM）工具的一部分，并提出现在出现的一些新的府际管理工具，如导航政治，促进政府间的解决方案，超出 IGM 问题的限制，政府间公民参与。汪伟全（2005）指出，政府间关系的管理经历了联邦主义、府际关系、府际管理三个阶段，并总结了府际管理的特点与主要内容。张仁平和曹任何（2008）运用府际管理的基本理论，提出从公共危机管理合作机构系统、法律与政策合作系统、善后合作系统三个方面来构建长株潭城市群公共危机管理合作模式的建议。任志新（2013）提出，城市群内府际管理可以通过创新政策法规、建立跨政府管理组织、构建城市群内利益整合机制、实施以城市群发展为目标的政府绩效考核制度来实现。冷韫同（2015）针对新形势下地方政府合作存在的问题，从府际管理视角提出合理化建议。吴亚慧（2017）分析了府际管理的内涵和主要特征，并为粤桂合作特别试验区政府合作提供了新思路。俞国军（2023）把纵向府际关系分解为由上至下的指令贯穿执行和由下至上的能力表现反馈两个互动过程，研究发现，国家和省市约束性政策由上至下传导至基层会引发企业空间退出，而企业退出给地方社会经济发展造成压力，由此推动基层政府制定政策推动企业空间进入。

（三）府际治理研究

史蒂文森和波克森（R Stephenson & J Poxon，2001）强调政府联合治理，应致力于建构企业导向的政府与区域发展过程。安德森和葛兰（Anderson Cameron D & Elizabeth Good-year-Grant，2005）指出，在区域管理过程中，要理顺各个政府间关系，通过彼此讨论、磋商与交流，更好地促进协调与合作，以实现公共事务高效治理。比维斯（Herman Bakvis，2013）通过对比欧盟与加拿大的府际治理类型，提出欧盟的非等级治理模式更好地提供了社会政策的协调。巴尔姆等（Richard Balme et al.，2014）探讨了政府间关系与环境政策创新，提出了府际多层治理对环境治理的重要性。张明军和汪伟全（2007）提出，竞争与合作关系是府际关系的两个关键维度，强调了府际治理研究视角对构建和谐地方政府关系的重要性。徐凌和陈翔（2008）通过对转型时期中国政府面临的一些问题，从府际治理视角提供了可供选择路径。

黄溶冰（2009）从资源互补城市带府际治理的角度，提出促进资源型城市转型的若干建议。张紧跟（2013）分析当代中国府际关系研究的进展，提出府际关系研究应走向府际治理。陈文理、喻凯和何玮（2018）指出，粤港澳大湾区府际治理面临着一系列挑战，主要表现为行政区划的复杂使协同治理面临盲目竞争的挑战，区域合作层级较低使区域协同治理面临挑战，政治、行政架构与法治体系的差异带来了诸多挑战等，并提出构建粤港澳大湾区网络型府际关系的建议。闫晓燕（2021）以澜湄合作为研究背景，提出次区域府际治理需要的多主体磋商、多利益导向、多层级合作的研究建议。周大然和曾爱娟（2022）分析成渝双城经济圈地方政府合作存在的一些问题，从府际治理视域下提出地方政府合作协议要实现规范化运作的条件。王皓月和陈浩（2022）利用 CiteSoace 文献分析工具，对我国府际治理研究的知识图谱、脉络演进以及重点领域等进行了梳理分析，并展望未来的研究方向。杨爱平（2022）提出，粤港澳大湾区跨境治理正孕育生成新型的包容性府际关系，表现为七种结构样态，具有目标诉求趋同、权力地位对等、行动协调联动、利益让渡共享的四大特质。

（四）其他应用研究

克里斯·泰勒（Chris Taylor，2009）认为，城市群内部府际关系协调应经过三个阶段：行政区划调整阶段、功能整合阶段和伙伴关系建立阶段。威廉·安德森（William Anderson，2011）对城市群内部府际关系进行了分析。爱德华兹和库尔（A Edwards & D D Kool，2015）通过对生态监测网络和水资源的研究，分析了政府间关系监测活动的可感知影响。陈瑞莲和张紧跟（2002）将府际关系关注的焦点集中于区域，首先提出"区域行政"的概念。张欢（2006）研究突发公共事件下的中央和地方府际关系，提出相互增权的激励兼容路径。朱国伟和陈晓燕（2008）研究省直管县有效实现的府际关系因素，并提出放权的引导机制。李金龙和王敏（2010）阐释城市群内府际关系协调的必要性、现实困境和路径选择。胡东宁（2011）从合作治理的角度探讨区域经济一体化过程中的横向府际关系。何精华（2011）讨论府际合作治理的内涵与特点，探讨府际合作治理的政策工具选择与运用，并提出相应建议。杨龙和胡慧旋（2012）分析我国区域经济发展战略的演变及对府际关系五大方面的影响。陈修颖和汤放华（2014）通过分析地方府际关系，提出重构府际关系的三条线索。陈晓剑和唐兴和（2015）分析次区域经济合作国内纵向府际关系的国际性特点，并对如何构建该关系提出相关建议。黄萃等（2015）指出，推进政府部门间合作关系从其他类型向协作型府际合作关系转变是国际治理能力现代化的必由之路。杨龙和李培（2018）从府际关系的视角阐述系列对口支援政策丰富了府际关系的内涵和形式。文宏和李慧龙（2019）从府际关系视角探讨了基层形式主义的本质与逻辑。刘朋朋（2021）通过比较近20年以来不同层级政府数量的变化，发现政府纵向层级组织结构规模变小，区域格局变化明显等特征。苗丰涛（2022）从府际关系视角分析了纵向政策创新传导机制，阐述了基层创新上升为国家政策的路径。

三、府际关系互动研究

纵向和横向府际关系的变化反映了府际关系的动态变化，这种变化体现为垂直互动、水平互动和斜向互动，不管哪种互动方式，都最终体现为府际关系的两个关键维度，即"竞争"与"合作"。

（一）府际合作研究

国外方面，安德森和克里斯滕森（P H Andersen & P R Christensen，1999）认为，城市群内部府际间合作的方式主要有八种。弗雷德·W. 里格斯（Fred W. Riggs，2001）在研究府际合作情形下，提出通过创建公共机构、州际合约来协调彼此间的关系。克鲁格和斯汀曼（Alice Krueger & M G Stineman，2011）从交易成本的视角构建城市群内部府际合作的选择模型。菲利普·沃克等（Walker P et al.，2013）研究发现，交易成本是阻碍府际间跨区域合作的主要因素。斯凯尔彻、沙利文和杰弗斯（C Skelcher，H Sullivan and S Jeffares，2013）对城市群府际合作关系进行了系统研究。希拉·马丁和卡罗琳·朗（S A Martin & C N Long，2015）通过对美国波特兰都市区的俄勒冈州和华盛顿州横向政府间关系的访谈调查研究，调查结果显示了州政府间合作的关键领域、合作障碍、合作收益及合作面临的挑战等。杰勒德·林奇（Gerd Lintz，2017）分析跨辖区环境议题的政府间自发性合作的影响因素，并提出一个概念框架。

国内方面，汪伟全（2004）认为，制约地方政府间合作的因素是整体性协调机构、利益共享分配机制以及合作规则的缺失。汪伟全和许源（2005）总结出我国府际合作中存在的问题，提出完善府际合作的途径与措施。杨安华（2008）系统回顾了我国地方政府间合作研究的进展与问题。任维德（2009）认为，构建促进区域发展的城市群府际合作关系，关键在于建立以利益协调为核心的城市群政府合作机制。马雪彬和冉维波（2011）分析我国横向府际关系的演变历程和我国地方政府间的竞合行为，提出地方政府间合作的利益均衡路径。郑春勇（2011）以珠江三角洲城市群为例，分析地方政府合作与区域空间结构存在协同演化关系。陈俊星（2011）分析地方政府间合作存在的问题，并提出相关对策。王国宏和马鸿雁（2011）分析地方政府间横向合作存在的问题和原因，并提出相关对策。张可云和项目（2012）从博弈论的视角，指出利益是府际间冲突与合作的根本性因素。孙兵（2013）指出，地方政府间的晋升博弈会阻碍其合作。王义（2013）提出构建市场机制、行政机制、社会机制的复合机制，以提升地方政府间合作。丁煌和孙文（2014）指出有效的问责机制可以更好地促进合作。饶常林（2014）利用博弈论方法分析了中国地方政府间合作的困境，指出要构建良好的制度环境以推动合作。马润凡和吴松霖（2014）分析区域经济发展中地方政府合作的制约因素，并提出相关建议。刘冬华和李琴（2015）通过实地调研长三角城市群经济发展与府际合作现状，认为只有制定统一性的府际合作规则，重视府际间的协调与沟通，构建高效的评价问责机制，才能更好地促进府际关系的良性发展。杨龙和杨杰（2015）提出，政府间伙伴关系是提高府际关系信任程度的一个重要途径。潘小娟和余锦海（2015）指出，地方政府合作是一个非线性过程。吕天宇、李晚莲和卢珊（2017）构建了府际合作关系网等一体化治霾手段。陈朋（2020）通过对重大突发事件治理中横向府际合作研究，提出从加强相互赋权、明确职责权限、确保激励相容和中央政府提供有力调度等方面提升解决重大突发事件的能力。石佑启和郑崴文（2022）提出，构建包含利益驱动、沟通协商、声誉压力等内容的软法效力保障机制，促进软法与硬法的有机衔接，推进区域府际合作目标的实现。张衔春等（2022）借助社会网络分析，研究了 2010～2019 年粤港澳大湾区府际合作网络的结构特征与演变机制，结论指出，大湾区府际合作网络形成了"核心—边缘"模式。康红军（2023）通过对粤港澳大湾区府际合作实践经验的实证分析，提出了"尺度调适"有利于降低冲突协调的成本和风险、增强互惠对接的意愿和降低互惠对接成本，从而提升粤港澳大湾区府际合作效能。以上可以看出，地方政府间合作研究主要还是围绕生态环境、区域创新、区域行政及一体化、制度建设及实施、公共产品或事务等方面开展，研究内容包括基础性和发展性两类，前者贡献了理论经验，后者为具体领域合作提供了思路和策略，两类研究在近年来呈现融合趋势。

（二）府际竞争研究

目前国内外学者主要研究内容是府际合作，涉及府际竞争的文献不多。霍尔科姆和威廉姆斯（Randall G Holcombe & DeEdgra W Williams，2011）认为，政府间竞争能提高效率，促进当地人均收入增长，而政府支出的集中化抑制了政府间的竞争，因为它使政府更加同质化。贝克、贝里和西格尔（Brady Baybeck，William D Berry and David A Siegel，2011）提出由政府间竞争而形成的政策扩散战略理论，并采用美国州政府竞争性设立彩票站的政策选择验证了该理论。亨德里克（Jean Hindriks，2012）通过实证分析认为，在评估政府间竞争的福利效应时，竞争可以达到福利改善。约阿希姆（Hans Joachim，2013）指出，产业和基础设施竞争容易导致恶性竞争，阻碍城市群府际关系的协调。周业安和赵晓男（2002）指出地方政府竞争模式有三种，并分析模式差异的原因，提出以制度创新重塑竞争秩序。刘汉屏和刘锡田（2003）认为，地方政府的竞争优势体现在地方公共物品的供给数量和质量方面。汪伟全（2004）总结地方政府竞争的内容、形式与特征，并分析制约地方政府竞争优势的因素。杨海水（2004）对地方政府竞争理论的发展进行了详细述评。谢晓波（2004）探讨府际竞争对区域协调发展的正向和负向效应。岳书敬和曾召友（2005）分析地方政府竞争对提供地方性公共物品的正负效应。崔宏铁（2006）探究了府际竞争中地方政府行为失范的影响因素。郭泽保（2008）分析中国地方政府竞争中的"囚徒困境"，提出促进地方政府间从竞争走向合作是其必然选择。冯兴元（2010）详细分析我国政府之间通过制定区域性保护制度来进行竞争博弈，以最大化地实现自身管辖区域利益最大化。刘泰洪（2010）提出，地方政府间竞争表现为利益依附竞争、利益自觉竞争和利益自主竞争。刘亚平（2011）指出，政府间都是基于自身利益最大化而不愿放弃既得利益，而导致彼此间的非合作竞争博弈。张晖（2011）把我国地方政府竞争的方式分为税收竞争、基础设施竞争、制度创新竞争、人文环境竞争。柳庆刚和姚洋（2012）指出，在政治锦标赛的框架下，地方政府竞争导致了结构失衡。吴振球和王建军（2013）阐述了地方政府竞争影响经济增长方式转变的微观机制。唐兴和（2015）指出，横向府际在四个领域发展竞争博弈，提出了实现横向府际有序竞争的五大措施。刘弘阳（2018）提出，地方政府竞争主要表现为税收竞争、规制竞争与工业用地逐底竞争。吴金鹏和韩啸（2019）研究了制度环境和府际竞争与开放政府数据政策之间的关系。高进、刘聪和李学毅（2022）分析了撤县设市和撤县（市）设区的三种负向风险效应，提出积极倡导纵向府际零和竞争和横向府际标尺竞争等建议。以上可以看出，地方政府间竞争研究主要还是围绕生态环境、财税资源、权力配置、公共行政和资源利益争夺、府际竞争对经济社会的影响等方面开展。

四、府际关系理论小结

府际关系有的也称为"政府间关系"，其中有纵向、横向、斜向和网络型之分，府际关系理论的发展脉络是从最初关注纵向和横向的静态府际关系开始，然后逐渐深化上升到府际管理阶段，现在拓展到府际治理阶段，目前更多地研究动态府际关系，当前许多学者对府际关系理论展开了大量研究，取得了丰富的研究成果，但也依然存在一些不足，例如，规范研究多，实证研究少；府际合作研究多，府际竞争研究少等问题。同时，值得一提的是，当前，我国学者对府际关系展开的实证研究忽视了两个问题：一是忽视了地方政府"一把手"的利益要求和权力制约，从而导致地方政府间内在化的利益冲突和恶性竞争；二是忽视了地方政府间合作与竞争的深层次原因，由于我国官员晋升制度和考核制度等，地方政府间合作与竞争的原因主要是选择性地围绕短期政绩目标展开，而并非追求社会福利最大化或者集合利益最大化。因此，现有的府际关系研究面临较大挑战，既不能静态地关注权力关系、财政关系与公共行政关系，也不能够只动态地关注政府间利益关系、政治经济关系、竞争与合作关系。

第三节　评价指标体系

　　基于竞合理论和府际关系理论的研究成果，本书为进一步深化府际关系的内涵和拓展府际关系研究边界，正式提出府际竞合的概念及包含的基本特征。府际竞合是指政府间基于集合利益最大化原则，围绕以经济、政治和文化联系而展开的，以直接的、一对一的契约或非契约形式，为实现资源整合利用而采取的竞合互动行为。府际竞合关系类型分为纵向府际竞合关系、横向府际竞合关系、斜向府际竞合关系和网络型府际竞合关系。府际竞合具有四大特征：一是府际竞合行为发生的动力源是追求集合利益最大化，即地方官员个体及地方政府集体利益、当地居民利益和国家利益的集合。一般来说，地方官员个体及地方政府集体利益和当地居民利益呈现高度正相关，追求的是地方预算最大化，而国家利益追求的是国家整体利益，因此可以简称为地方利益与国家利益的集合，当地方利益与国家利益发生矛盾时，地方政府一般都倾向于实现地方利益最大化，因此围绕集合利益的府际竞合存在利益上的兼容相斥性，这种行为催生了我国地方政府之间的竞争和合作。二是府际竞合形式是直接的、一对一的，通过制度化和非制度化表现。三是府际竞合关系是同时存在和相互影响的，即在时间、空间或业务领域上存在既竞争又合作的关系。四是府际竞合目标在于以经济关系、政治关系和文化关系而展开对资源的整合，以提高资源的有效配置与有效利用。

从 2017 年签订《深化粤港澳合作　推进大湾区建设框架协议》到 2019 年颁布《粤港澳大湾区发展规划纲要》，特别是广东省出台了《广东省推进粤港澳大湾区建设三年行动计划（2018～2020年）》，这相当于是推进大湾区建设的施工图和任务书。截至2022年底，粤港澳大湾区地方政府间合作主要围绕科技创新、金融服务、基础设施、产业协同、生态环境、民生服务、制度建设、合作平台等开展，地方政府间竞争主要围绕招商引资、营商环境、生态环境保护、旅游资源、人才资源、民生服务、财税资源争夺等开展。不管地方政府间合作还是竞争，都是围绕利益的一种博弈，都是对资源的争夺、妥协与整合，因此有必要从"资源"的角度去考虑府际竞合的实质，从而提出府际竞合的关键指标。昝廷全教授（1988，1990）提出了资源位理论，并定义了广义资源的概念，把广义资源分为硬资源和软资源。硬资源是指在一定的技术、经济和社会条件下能够被人类用来维持生态平衡、从事生产和社会活动并能形成产品和服务的有形物质；软资源是指以人类的智慧为基础的资源。因此，资源整合就是进一步实现硬资源和硬资源的整合、硬资源和软资源的整合、软资源和软资源的整合。昝廷全（2005）指出，资源整合主要在于硬资源与硬资源的整合以及硬资源和第一种软资源之间的整合，而硬资源和硬资源的整合需要软资源作中介，这说明，软资源的重要性远超于硬资源。同时，他继续指出，资源整合可分为系统自身资源的合理利用和把自身的资源位元结构打造成凹集来整合不属于自己的外部资源，这必然形成合作竞争的资源位元模型，具体表现类型如图 2 – 1 所示。

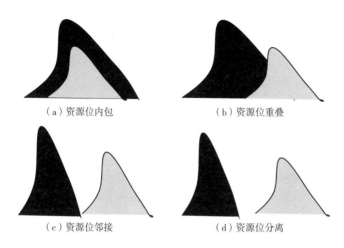

（a）资源位内包　　　　　　　　（b）资源位重叠

（c）资源位邻接　　　　　　　　（d）资源位分离

图 2 – 1　资源位元模型示意

资料参考：郭鸿雁. 基于系统经济学的广电产业合作竞争研究［D］. 北京：中国传媒大学，2006.

依据图 5 – 1，可以认为，资源位重叠越多，竞争越激烈，反之，则合作越有宽度和广度。以此推论，本书根据资源位元理论视角可以认为，府际竞合其实就是地方政府间围绕一个社会系统的有序演化而开展的资源整合过程，那么，影响系统演化和资源整合的关键序参量就是府际竞合的关键序参量。前面已经指出，资源整合就是软硬资源的整合，而软资源相较于硬资源更加重要，这可以从中共广东省委第十二届委员会第七次全会报告看到其中要点，报告提出要以"湾区通"工程为抓手，着眼全局选准切口，围绕群众密切关注的交通、通信、食品安全等民生问题积极作为、率先突破，推动三地规则衔接不断取得实质性进展。其实，广东省通过实施"湾区通"工程（硬资源）来促进粤港澳规则衔接、机制对接，实现"软""硬"联通助力提升湾区一体化水平。再结合学者们的理论研究，本书认为府际竞合所涉及的软资源即是技术、知识、文化、制度四个维度，它们构成了系统演化和资源整合的关键序参量，也即府际竞合的关键序参量，为便于后续测量府际竞合指标，具体衡量指标如表 2 – 1 所示。

表 2 – 1　　　　　　　　府际竞合测量指标及说明

测量指标	指标计算说明
科技投入指标	科学技术支出占一般财政预算支出比重，反映该地区科技的增量投入
人力资本指标	人口平均受教育年限，反映该地区劳动力的素质
社会文化指标	平均每人公共图书馆藏书数，反映该地区文化包容等社会属性
正式制度指标	一般公共服务支出占财政一般预算支出的比重近似替代，反映该地区政府的公共服务支出程度

资料来源：根据前文分析资料整理所得。

第三章 区域协调发展现实性分析

第一节 区域协调发展的必然性分析

中央层面出台的战略规划报告内容多次强调，粤港澳大湾区建设是我国区域协调发展战略的重要组成部分，要深入推进粤港澳大湾区建设，提升大湾区区域协调发展水平。本节基于前文理论分析内容，从现实层面论述分析提升区域协调发展的必然性。

一、区域协调发展的理论基础必然性

区域协调发展理论强调要么是产业结构调整、城乡结构改变，要么是基础设施共通、资源环境保护等的各种协调，最终达到社会和谐。其实区域协调是一项系统工程，通过对区域内各资源的利用和区域外的共生，形成内部有机整体、

外部关系融洽的整体联动发展格局。可从多个理论视角来看区域协调发展的必然性。

从自组织理论来看，主要包括耗散结构理论和协同学理论。其主要观点是研究一个远离平衡的开放系统如何通过不断地与外界交换物质和能量，通过自组织现象、内部协同，使得该系统从无序走向有序。区域协调发展就是一个开放的高度复杂的系统，是在一定地域内的各种关系相互作用、相互影响的一个经济综合体，彼此不是分割或堆积存在，而是有机联系的。该系统通过自组织的非线性作用达到一定的临界点时，由其关键序参量决定着系统的结构和程度，因此必须找到引起区域协调发展变化的关键序参量到底是什么，这正是本书研究的中心和出发点。因为区域协调发展系统在与外界进行作用的过程中，必然会引起人流、物流、资金流、信息流等共同作用而形成一定的空间集聚，代表性的就是中心城市的崛起，这进一步形成新的自组织现象，通过不断的集聚与演化，从而形成各种不同规模的城市群，城市群的发展也必然将从无序走向有序，从而形成城市群区域内的空间自组织和区域外的共生，从不协调走向协调。

从劳动地域分工理论来看，其中有代表性的理论包括绝对优势理论、比较优势理论、要素禀赋理论和新贸易理论等。这些理论都强调地域分工的形成必须建立在区域差异的基础上，由于区域内的自然资源和社会人文资源存在明显差

异，分工就决定着区域经济联系的内容、性质和规模等。劳
动地域分工客观上要求区域之间加强协调与联系，是社会分
工在地域空间上的反映，这就形成区域生产专业化，从而形
成区内分工和区际分工两种形式，区域协调发展就是通过区
内分工和区际分工，获得更大的经济、社会、生态效益。由
于城市规模等级差异，从而形成城市群的中心、次中心、外
围城市的发展格局，当城市群形成有利的地域分工格局后，必
然导致各种经济和社会效益的产生，从而促进区域协调发展。

从相互依赖理论来看，该理论强调了区域间存在相互依
赖关系，不管冲突还是和平，只是程度有所差异，影响是双
向的，内容是变化的，核心是合作。区域内各城市的经济活
动必然会相互作用而产生相互影响和相互依赖。区域内各城
市的分工在不断扩大、深化，这既有助于区域市场的扩大，
也导致相互依赖的加强。而区域协调发展产生的前提就是区
域内各城市要产生经济联系，而相互依赖的加强意味着经济
联系的加强，不管是合作还是竞争，只有通过区域内或区域
间的积极合作、良性竞争，在经济领域各个方面相互依赖性
加强，区域发展才能够实现好的协调发展状态。

二、区域协调发展的现实基础必然性

区域协调发展是一个政策性概念，最早见于政府的"八

五"规划纲要，随着国民经济的发展，政府文档中一直在不断丰富其内容。因此有必要了解我国的区域经济布局历史，这有助于理解我国提出区域协调发展的现实必然性。根据学者们对我国区域发展战略的三阶段划分可以看出，第一阶段，均衡布局战略推动了经济增长，缩小了东西部发展差距，但是影响了东部地区的优势发挥；第二阶段，国家实施了以"沿海发展"为中心的区域战略，东部成为发展重心，但是东部的富裕却未能带动中西部的经济发展，反而导致了经济差距扩大；第三阶段，实施了全方位、深层次的区域协调发展战略，但是区域间绝对差距仍在扩大，贫富差距也在提升。总体来说，上述三阶段的区域协调发展战略追求的目标是总体效益和地区均衡。随后，从"十一五规划"到"十四五规划"，区域协调发展的内容不断丰富，但是区域差异大、发展不平衡一直是个现实难题。王一鸣在"国研智库论坛·新年论坛 2016"上的主题演讲指出，我国目前区域发展的新三大特征，其中一个就是南北区域分化明显。在经济新常态下，2017 年 12 月召开的中央经济工作会议为区域协调发展战略提出三大目标，即要实现基本公共服务均等化，基础设施通达程度比较均衡，人民生活水平大体相当。从我国的区域协调发展战略历程和战略目标可以看出，政府一直在公平、效率、均等、平衡、可持续上进行战略调整，以解决区域发展差距过大和区际关系恶化问题，这正是区域协调发展的现实必然要求。

三、区域经济可持续发展是区域协调发展的充要条件

可持续发展观点自 20 世纪 80 年代提出后，在国内引起了持续性关注，强调经济的发展既要满足当代人的需要，又不能够以损害后代人的发展为代价。必须在自然、环境、社会、经济、政治等多目标中寻求动态平衡，其本质就是要注重这些方面的"协调发展"，追求的是公平发展和以人为本。这其实也是区域协调发展的途径和主题，两者互为条件，必须以全面发展为基础和前提，而不能够仅考虑"人与自然"和"人与人"的关系，更不能够以损害下一代的经济、生态和社会为代价，这就是可持续发展与区域协调发展的内在必然联系。

第二节 区域协调发展的经济效应分析

我国历次发布的区域协调发展战略非常明显地表明缩小区域发展差距是其核心目标，为了缩小差距，首先要加强区域之间的经济联系，然后保持区域经济系统的高速增长，三

者必须保持统一。当前，我国在推进区域协调发展的战略实践过程中，主要聚焦京津冀协同发展、粤港澳大湾区建设、长江经济带发展等，可见政府推进区域协调发展的重点是打造城市群区域协调发展。本节依据区域协调发展战略目标，从以下四个方面探讨区域协调发展政策对城市群经济发挥的效应。

一、区域协调发展促进城市群规模经济效应

一个城市的经济增长意味着该城市的经济规模总量和生产能力的扩大，反映该城市的综合经济实力。城市群则是由多个城市组成，理论上，每个城市都是一个自主个体，都在追求经济增长，但是城市群的经济增长总量却超过每个城市总量的总和，超出部分意味着城市群规模经济效应当量，这正是区域协调发展所引致的。

区域协调发展不断提升的过程必然会增加区域内或区域间的贸易量，形成区域一体化趋势，这是要素自由流动的结果，也是博弈过程中利益进行再次分配的结果。城市之间不断协调博弈，从而产生"正溢出"效应，也就是城市群规模经济效应，城市间在协调博弈过程中，采取不同策略以获取利益最大化。利益互补是协调博弈的根源，而博弈双方主要体现为中心城市与非中心城市之间的互动，由于中心城市

处于相对优势,其采取的行动会直接影响其他城市的行动,一旦形成策略互动,那么中心城市一般会优先采取合作行动,这使得其他城市也采取合作行动,否则就丧失了潜在收益。中心城市合作行动一般体现在本地市场的开放、基础设施的合作建设、产业间的协作或共同规划等,但是在协调博弈过程中,可能存在各种类型的风险而导致协调失败。

二、区域协调发展促进城市群产业集群效应

产业集群是指特定区域内的众多企业通过分工合作形成一定规模的聚集,是某个产业链的延伸。通过高度集聚,降低了企业的制度成本,提高了产业和企业的市场竞争力,形成了范围经济。

区域协调发展既是为了缩小地区差距,也是提升全要素生产率和要素供给效率的一大手段。过去相当一段时期,发达地区凭借各种优势,对社会资源形成了明显的"虹吸效应",导致周边地区的劳动力、资金等要素出现严重外流。但是经济增长依靠要素投入的发展模式不可持续,必须更多体现在技术创新、体制革新等全要素生产率上。那么,在区域协调发展的实施过程中,如何发挥发达地区的辐射作用,既要避免辐射地区的产业雷同和恶性竞争,又要化解产能过剩和"都市病"的效率损失,还要发挥周边地区形成产业

梯度有序转移，形成产业集群，这是对区域协调发展战略的考验。产业集群是城市群经济的现实表现，集群的形成过程必然带来资源要素的时空流动，这是市场规律的体现，只有通过区域协调发展，实现生产要素在更大范围和空间内的自由流动，形成网络式产业空间布局，才能有效避免上述问题，既可出现产业转型升级新的空间，同时又促进欠发达地区的经济发展。

依据上述逻辑，区域协调发展实质上是在更大空间范围内进行资源优化配置、促进要素更加自由便捷流动，形成区域内或区域间相互耦合式发展。而区域协调发展水平的提升会在区域内形成具有一定特色的产业集群（如特色资源、传统产业、潜在资源等），通过发挥产业集群的集聚效应、关联效应和扩散效应，从而促进区域经济的发展。这既是区域协调发展的客观要求，也是实现城市群产业集群经济效应的必然要求。

三、区域协调发展促进城市群空间溢出效应

随着城市群的纵深发展，区域内和区域间的商品和生产要素自由流动频繁，资源配置效率快速提高，区域内和区域间的经济联系日趋紧密，城市群之间的沟通和合作更加广泛和便捷，一些城市群的经济发展对其他城市群经济发展的带

动作用趋于明显，城市群之间逐渐出现了空间溢出效应。

区域协调发展战略既包括区域内的协调发展也包括区域间的协调发展，由于各城市群经济发展存在明显差异，比较优势明显，依据比较优势原理，区域协调发展战略在实施过程中继续做强优势城市群，继续缩小落后城市群各城市间的经济差距，充分利用城市群空间溢出效应，加强城市群间的经济互动与合作，加强优势城市群和落后城市群的单项溢出效应或双向溢出效应，加强产业协同，加强对要素资源的资料分析和监测，突出共建共享，在跨区域重大合作项目、重要领域和关键环节上强化合作，以此缩小城市群之间的经济差异，降低非均衡发展程度，充分发挥市场的决定性作用，制定城市群协同发展规划，实现城市群之间区域协调发展。

四、区域协调发展促进城市群生态环境效应

生态环境效应指的是生态效应和环境效应的组合，生态效应强调的是人与环境之间在交互过程中人为的生态平衡带来的收益；环境效应强调的则是人类采取相关措施，减少对环境的污染或提高环境质量所产生的收益。

区域协调发展的就是要树立创新、协调、绿色、开放、共享的发展理念，在区域协调过程中，各要素资源在时空范围内进行了大量流动，其中就包括人口迁移所引起的生态环

境变化，最初在协调发展过程中，不可避免地会对生态环境产生负面影响，例如自然资源破坏、大气污染严重、固体废弃物污染、"热岛效应"等，这种影响反过来又会制约协调水平的提升。但是在区域协调过程中，政府可以通过制度设计、科学调控来逐渐改变生态环境的负面效应，例如2018年国务院政府工作报告中明确提出三大攻坚战中的污染防治攻坚，确保生态环境质量总体改善。这就需要调整产业结构、调整能源结构、调整运输结构、淘汰落后产能、加大节能力度和考核等，一旦生态环境得到改善，则会使得各要素资源更加集聚和形成更高质量的城市群经济，从而形成资源集约效应、人口集散效应、环境教育效应、污染集中治理效应等多个良性发展效应。因此，政府在区域协调发展过程中要坚持"绿色"理念，虽然在发展过程中会对生态环境产生一定的负面影响，对经济发展也会产生一定时期的制约作用，但是最终会促进城市群经济的发展和城市群生态环境效应的显现。

第四章　粤港澳大湾区区域协调发展机制分析

第一节　机制设计理论

机制设计理论的思想来自 20 世纪二三十年代的社会主义大论战。以米塞斯（Mises）与哈耶克（Hayek）为代表的学者批判社会主义计划经济不可能获得维持经济机制有效运转的全部信息，并对其进行合理使用；以兰格（Lange）与勒纳（Lerner）为代表的学者则认为，即使在社会主义条件下人们仍然可以利用市场机制，可以通过边际成本定价的方式形成一种分散化的社会主义经济机制，以此解决信息成本巨大的问题，但是却没有解决激励问题。后来赫维茨（Hurwicz，1960，1972）开创了机制设计理论，并将机制定义为一种信息沟通和处理系统；罗杰·迈尔森（Myerson R，1982）和埃里克·马斯金（Maskin E，2002）等丰富和发展了机制设计理论。

一、机制设计理论的主要研究内容和范围

概括地说，机制设计理论在经济领域主要研究的是，对于任意给定的一个经济或社会目标，在自由选择、自愿交换、信息不完全及决策分散化的条件下，能否并且怎样设计一个经济机制（游戏规则或制度），使得参与者的个人利益和设计者既定的目标一致，并且能够比较和判断一个机制的优劣性（田国强，2016）。田国强（2016）指出，一个好的经济机制（制度）应满足三个要求，即它导致了资源的有效配置、有效利用信息及激励兼容。资源的有效配置要求资源得到有效利用，有效利用信息要求机制的运行具有尽可能低的信息成本，激励兼容要求个人理性和集体理性一致，这些要求是评价一个经济机制优劣和选择经济机制的基本判断标准。机制设计理论主要包括实施理论（implementation theory，也称为激励兼容理论）和实现理论（realization theory，也称为信息效率理论），实施理论中需要解决的核心问题是激励机制设计问题，即在所设计的机制下，使得各个参与者在追求个人利益的同时能够达到设计者所设定的目标。实现理论中需要解决的核心问题是信息效率问题（或称之为信息成本问题），即所设计的机制运行（转换）需要信息成本越

小越好。针对上述两大问题，下面分别阐述如何实现或解决其中的核心问题。

二、实施理论的理论实现问题

关于实施理论问题，在一个多人参与的经济社会中，要实现某个经济或社会目标，通常可以通过两种方式实现。一是直接方式，即通过某个社会选择规则（SCR）直接决定该结果，机制设计者只需根据不同的"环境"来选择某个方案，但是当有关"环境"的信息分散掌握在每个参与者个人手中时，这种方式很难奏效。因为存在"搭便车"行为，他们可以通过隐瞒自身不可观测的特征来提高自身福利。二是间接方式，即通过设计某个激励机制诱导出想要实施的目标，这就要求机制设计者首先需要设计出某种机制（制度），每个参与人在这种机制下做出自己的最优反应，并发出相应的信息，这些信息就成为实施目标的依据。那么，是否存在这样的激励兼容机制能够激励每个参与者按照设计者的目标去做呢？或者说，应该制定什么样的机制才能使得每个参与者在追求个人利益的同时又朝着既定的目标努力，这就是激励机制设计理论要解决的核心问题。这需要考虑两个问题，即机制的类型和博弈理论解的形式。也就是说，所设计的机制能够真正符合设计者的意图，代表大多数人的利益，例如，本书所研究的粤港澳大湾区区域协调机制。同时，该理论解又可以尽量强地被执行，最强解就是占优均衡，即每个参与者在做决策时不需要其他人的信息，每个人都愿意说真话，都没有激励偏离设定目标。当然，博弈理论解还存在纳什均衡、子博弈精炼均衡、贝叶斯均衡等。为此，大量学者进行了深入的研究，吉伯特（Gibbard，1973）和萨特思韦特（Satterthwaite，1975）的不可能性定理告诉我们，若参与者的选择是无限制的，且要求所有人都讲真话，这样的激励机制是不存在的。赫维茨不可能性定理同样告诉我们，在针对新古典环境经济学的私人物品里，也不存在这样的机制按照占优战略执行了帕累托有效和个人理性配置。莱迪亚德和罗伯茨（Ledyard & Roberts，1975）在对公共品的经济环境中也证明了类似结论，这些不可能性定理意味着激励机制设计必须在所有参与者讲真话和帕累托效率间进行取舍。随后学者的一个研究方向是设计出讲真话的机制，放弃帕累托有效的限制；另一个是用其他均衡解代替占优均衡解，放弃让所有参与者讲真话的要求，大量学者从理论上得到了肯定的结果，即可以设计出相应的理论机制解决不可能性定理。在前一个研究方向方面，存在 VCG 机制（Vickrey-Clark-Groves），该机制能够诱导所有参与者讲真话，并且能够执行帕累托有效，格林和拉丰（Green & Laffont，1987）进一步丰富了 VCG 机制；在后一个研究方向方面，存在赫维茨的完全纳什执行、戈罗夫斯 - 莱迪亚德（Groves-Ledyard）机制、沃克（Walker）机制、田氏机制等。概括来说，上述所有研究内容所设计的激励机制都是以私有制经济环境为前提，那么是否存在以公有制经济为基础的一些有效和个人理性的激励机制呢？田国强在 2000 年左右发表的多篇论文中给出了肯定答案。虽然理论机制与实际运用还有较大差距，但是至少在理论上能够解决资源的有效配置问题。另外需要明确的是，不管是占优均衡解还是纳什均衡解，所设计的机制都说明了说真话与资源的帕累托最优配置一般来说不可能同时达到，但是只要满足贝叶斯激励兼容约束（即别人都说真话，我说真话是最佳选择）则可以同时达到。最后，需要指出的是，激励机制理论只考虑在给定的自利行为准则下，一个设定的目标是否可执行的条件，没有考虑所设计的机制的信息效率问题。

三、实现理论的理论实现问题

关于实现理论问题，在不考虑激励是否兼容的前提下，田国强（2016）指出，私有产权的竞争市场机制是唯一的利用最少信息并且产生了有效配置和个人理性配置的经济机制，不管提供的产品是私人产品还是公共产品。赖特

（Reiter，1988）在同时考虑了激励兼容和信息效率的情况下，证明了在纳什激励兼容的条件下，执行一个社会目标所需要的信息量不会少于不考虑激励问题而实现同一既定目标所需要的信息量；田国强（2021）进一步给出了具体的激励机制。此外，对于非古典的经济环境类（例如，不可分商品、非凸的偏好关系等）也存在相应的信息分散化机制能够导致最优资源配置，但是这样的机制是以非常高的信息成本为代价的（Calsamiglia，1977；Hurwicz & Walker，1990）。根据上述学者的研究可以总结得出，在非市场经济机制下，例如计划经济、国有经济、集体经济、股份合作制、混合所有制等，它们实现资源有效配置所需信息一定比竞争市场机制多，即需要更多的信息成本来实现资源的最优配置。这从理论上说明了本书研究在设计区域协调机制时，优先考虑竞争市场机制，然后在市场无法解决的情况下，再采用其他一些机制（例如政府调控所设计的相关机制）来补充市场机制的失灵。

四、机制设计理论的实践应用

易晨希（2015）构建了校企合作的三阶段博弈模型，并设计了校企合作的最优机制。罗美娟和祁明德（2016）基于机制设计理论解决了旅游网络投诉机制优化问题。

李敏悦（2018）基于机制设计理论探究"PPP＋B"模式下商业银行参与项目融资的应对策略。钱华（2019）从机制设计理论视角出发，结合人民银行实际，就出台统一有效的预算绩效管理机制提出建议。郭兆晖（2020）基于机制设计理论分析浙江省海宁市要素市场存在的问题以及海宁改革实践的模式与成效。杜文俊和陈超（2020）重新解构和厘清我国"行刑衔接"工作机制建设的内在机理，提出重构和完善我国行政执法与刑事司法衔接工作机制。李霞（2021）运用机制设计理论，针对同级监督实践中存在的监督意愿不强、监督范围受限、监督制度不完善等困境，提出改进参与者组织关系、优化监督外部环境、完善监督内部环境的方案。

综上所述，在目前的机制设计理论和实践文献中，大多都是把激励兼容问题和信息效率问题分开进行研究。激励兼容理论只考虑在所有参与者自利行为准则下，要实现一个既定目标可执行的条件，而不考虑所设计的机制信息要求量问题；信息效率理论只考虑实现一个经济或社会目标所需信息量的问题，而忽略了所设计的机制激励兼容问题。但是，在现实生活中，各参与者往往存在动态互动，或者社会环境发生动态变化，或者各参与者在不同时期存在不同程度的信息优势等各种类型的动态变化，这就是动态最优机制设计问题。

第二节 区域协调发展的理论机制分析

根据区域协调发展理论的实质，国内许多学者根据研究对象的不同，多角度提出了各种类型的机制。孙海燕和王富喜（2008）认为，区域协调机制是一套从目标、内容到操作的完整体系。周绍杰、王有强和殷存毅（2010）认为，区域协调发展机制是要完善市场竞争体制、促进跨区域合作治理和优化中央协调机制。安树伟和刘晓蓉（2010）认为，区域协调机制包括区域利益补偿机制、利益相关者的信息沟通与协商机制、激励和约束机制、合作机制、合理的绩效评估和政绩考核机制。覃成林、张华和毛超（2011）提出市场机制、空间组织机制、合作机制、援助机制和治理机制构成区域协调发展机制体系。皮建才（2011）考察了中国式分权下区域协调发展的内在机制，并对比分析了四种协调机制，指出其具体内涵和作用机制。彭荣胜（2012）提出区域协调发展的市场机制、微观组织机制和空间组织机制。寇大伟（2014）指出，区域协调机制的实质就是协调各种府际关系的问题，一种是由上级政府甚至中央政府以行政或法律手段来解决区域问题，从纵向来促成区域协调发展，表现为纵向府际关系；另一种则是通过地方政府之间平等协商、互助合作来解决区域问题，从横向来推动区域协调，表现为横向府际关系。寇大伟（2015）把区域协调机制分为四种典型类型，即中央政府主导型的区域协调机制、省内政府引导—市场主导型的区域协调机制、省际市场主导—地方参与型的区域协调机制、省际地级市间政府主导型的区域协调机制。黄祖辉和廖东（2020）通过分析大湾区区域协调发展存在的问题及其制约因素，提出建立强化政府主导统筹机制、多元化协调组织机制、"四四"主角引领机制、资源共享产业协同支撑机制，推动落实粤港澳大湾区区域协调发展。

第三节　大湾区区域协调发展机制设计思路

依据机制设计理论和国内学者对我国区域协调发展提出的各种机制可以看出，针对区域协调发展机制的设计问题，优先考虑的是引入竞争市场机制，这样才可以尽量避免机制运行的信息成本过高问题，同时尽量实现各参与主体的激励兼容和参与约束，最终促进区域协调发展。另外，根据机制设计理论，机制设计者必须首先设定一个经济或社会目标，然后根据这个目标，设计出一个适宜的机制。根据覃成林等（2011，2013）对区域协调机制内涵的表述中可以看出，区域协调发展的目标包含三个方面内容，即加强区域经济联系、保持区域经济增长、缩小区域经济差距。

在粤港澳大湾区区域协调发展机制的总体思路设计中，"政府"与"市场"是最基本的手段，优先采用竞争市场机制。政府与市场如何有效地耦合和整合呢？这需要界定和厘清政府与市场的边界。根据田国强（2016）的观点，政府的作用就是维护和服务，而规范政府的定位靠的是法治，即正式制度，它奠定了最基本的制度环境，决定了政府定位是否适度，从而决定了激励机制设计的效果。只有合理规范、制约和监督政府权力，实行依法治国和依法行政，加快建设法治政府，全面开展深层次市场化改革，转变经济发展方式，才能合理界定好政府与市场的边界，才能构建彼此间的良性互动关系，一旦实现良性互动，政府又能不断通过法律法规的制定及执行，强化市场的效率、效能，实现区域协调发展的三大目标。

因此，粤港澳大湾区区域协调发展机制的设计，首先，要考虑就是通过法治而不是法制来建立有限政府。要建立好的法治体系，就需要民主作为保障，而分权保障了一定的民主。因为各参与人在常规情况下基本是利己的，仍然注重个人利益，再加上为了调动人们的积极性，需要给予人们尽可能多的经济上的自由选择权，同时让他们自由合作和充分竞争；同时，经济活动方面的信息往往是不对称的，因而需要采用分散化决策的方式来进行分权。其次，需要考虑的是制定一个改革措施或制度安排必须考虑到可行性、可实施性，满足客观约束条件，同时要将实施风险控制到尽可能小，不致引起各种社会问题、经济问题甚至政治问题。可行性是判断一个改革措施或制度安排是否有利于区域协调发展的一个必要条件。可实施性则是在可行性条件下，结合当前所面临的技术、环境、资源条件等，能够较成功地实施该项改革措施或制度安排。这其中就包括一个非常重要的参与约束条件，即各参与人能在具体的各项经济活动中获利，至少不受损，否则他们不会参加，或反对实施。最后，区域协调发展从某种意义上讲是一场制度变革，因而会涉及各式各样机制的设计，包括中央顶层机制设计和各个层面的合约设计。那么需要考虑的是如何避免各种机制之间的内在冲突问题。从宏观层面来看，机制设计者仍需要把握两个基本事实——个体逐利性与信息不对称，即参与性约束和激励兼容约束，只有让各参与者从中获利，才能形成改革共识，推动区域协调发展；从微观层面来看，机制设计者必须认识到不完全合约是必然和经常存在的，根据哈特（2016）在其代表作《企业、合同与财务结构》一书中所体现的核心观点，即个体的有限理性、信息不对称及风险不确定性，使得明晰所有经济活动的交易或信息成本过高，完全合约往往是不可能的，从而哈特将不完全合约和权力（power）作为理解经济制度和经济协议的两个关键点。当合约不完全时，让市场发挥决定性的作用，这为政府向市场放权和分权提供了重要的理论基础。

从哈特发展的现代产权理论和田国强对机制设计理论的分析来看，区域协调发展机制的设计就是对不完全合约的确认和产权的再划分。所以机制是至关重要的，不同的机制最终会导致不同的资源配置结果，同时机制又是可调整、可设计的。这也恰恰说明，政府不要试图建立面向市场的全面合约，这往往是不可能的，也不能很好地解决信息和激励的问题，机制设计的方向应该是合理界定政府与市场的治理边界，依靠法治进行政府放权和分权，然后考虑各项制度实施的可行性、可实施性和满足客观约束条件，最后进行各项制度之间的协调，以解决内在冲突。

第四节　大湾区区域协调机制建设实现路径

一、粤港澳大湾区区域协调发展机制的实现手段

在粤港澳大湾区区域协调过程中，必须充分发挥市场机制的决定性作用，围绕三大目标进行各种协调，积极发挥政府作用，补足市场短板，提供维护和服务。区域协调发展目标包括三个方面：一是加强经济联系，即加强区域内所有城市间的经济联系。大多数学者基本采用引力模型或城市流来

测度城市间的经济联系，其中包括的主要指标有城市自身质量、城市自身规模等级、城市间的时间距离等。从中可以看出，这主要是通过市场力量来加强城市间的人流、物流、信息流、技术流、资金流，然后通过政府力量提高城市自身的综合实力，例如常住人口城镇化水平，固定资产投资，对外开放程度，就业难易程度，平均工资水平，产业结构比例，道路网络通达性，环境资源友好性，文化、医疗及教育发展水平等。二是促进经济增长，即促进区域内所有城市的经济增长。考察一个城市经济增长的最常用指标是 GDP 和 GDP 年均增长速度，影响经济增长的因素不胜枚举，既有内生性增长因素，也有外生性因素。大致来说，还是主要通过市场力量来提升城市的经济增长。三是缩小经济差距，即缩小区域内所有城市间的经济差距。这主要是通过打破行政边界、对跨区域公共事务的治理和体制机制创新等方式来实现，其仍然是以市场为主导，发挥政府作用，实现政府间协调以缩小经济差距。

二、粤港澳大湾区区域协调发展机制的实现途径

政府在使用各种方法对粤港澳大湾区进行区域协调的过程中，必须对区域内的所有相关资源要素进行协调，这必然涉及要素流动的方向、流量大小，要素内容则受到区域内各

城市实际情况的影响。其中，党的十九大报告明确指出，区域发展的路径要以城市群为主体，构建大中小城市和小城镇协调发展的城镇格局，中心城市在其中起到决定性影响，是区域协调发展机制实现的途径。原因在于，中心城市对区域经济发展的影响路径表现为"面—点—面"的相互作用进程，即最初表现为生产要素集聚、中心城市极化的过程，然后再到生产要素扩散、中心城市辐射的过程。中心城市通过聚集和辐射，成为该区域的增长极，周边地区则由于其空间近邻效应，从而形成相应的经济结构形态，通过不断反复作用的过程，最终形成以城市群为代表的区域经济综合体。因此，区域协调机制的实现途径必须通过城市群，特别是城市群的中心城市，区域协调水平的提升只有通过城市群（特别是市群的中心城市）的集聚和扩散，实现资源的跨区域流动和产业转移。

三、粤港澳大湾区区域协调机制的实现方法

区域协调发展机制能否实施成功，关键就在于目标合适、法治体系健全，其中"利益协调机制"是机制设计和实施的核心，围绕大湾区区域协调机制，其实现方法可从以下三个方面进行。

在机制设计理念上，机制设计者首先要界定政府与市场

的边界，优先采用竞争市场机制，强化政府在"市场失灵"领域的调控能力，弥补市场缺陷。要依法治理，形成法治体系，依靠民主，走向简政放权。这与党的十八届三中全会作出的"使市场在资源配置中起决定性作用和更好发挥政府作用"的决定相吻合。

在具体建设内容上，顶层设计者应该要求各级政府集中在市场难以发挥作用和市场调节不到的领域，这主要集中在公共领域内，具体包括：一是行政领域，包括行政管理事务的联动（如各种议事协调机制）、共同行为规则的制订（如跨区域间的行政协定）；二是区域经济与社会发展领域，包括金融、教育、科技、产业、文化、人才等多方面（如利率市场化、科研成果共享、产业联动发展、人才自由流动等）；三是区域公共物品协同治理领域，包括交通基础设施、水资源配置等方面（如跨地界的交通基础设施建设、水资源的合理分配等）；四是生态、安全领域，包括环境治理、公共安全、市场监管等（如污染防治、跨区域生态环境保护、共同打击假冒伪劣等侵权行为）；五是社会民生领域，包括社保、医疗、就业服务等（如精准脱贫、基本公共服务均等化、五险一金的无障碍转移和接收等）。

在宏观调控方式上，应立足于降低区域协调工作的交易成本、提高信息效率和激励所有参与人为宗旨，以政府的职能性整合和结构性整合为出发基准，运用政府和市场两个基本手段，使用强制性、指导性和协商性等不同力度的调控方式，综合采用经济、法律、行政、政策等调控手段，同时又要防止重回计划经济的调控老路，实现区域协调宏观调控。最终，在中央统一领导下形成地方政府"积极竞争、良性合作"的态势，打造"市场真正主导、政府统筹调控"的区域经济发展模式，走向国家治理体系和治理能力现代化。

四、粤港澳大湾区区域协调发展机制的实现内容

建立一套相对完善且运行良好的区域协调发展机制具体包括哪些核心要点呢？必须满足三个要求，即该机制导致了资源的有效配置、能够有效利用信息及保证激励兼容。也就是说，区域间的各要素资源将得到有效利用，机制运行需要尽可能低的信息成本，同时保证个人理性和集体理性一致。这其中包括两个关键要素：一是需要根据物件的不同设立相应的预期目标；二是需要建立相对完善的法治体系去保障预期目标的实现。据此，本书认为，建立区域协调发展机制具体包括制度保障机制、市场活力机制、利益协调机制和对口帮扶机制。概括来讲，制度保障机制通过立法建立相关的法律、法规、规章措施、指导性意见等明确政府与市场的边界，限制政府的权力，指导和引领政府间的良性竞争和有序合作。市场活力机制主要围绕提升城市综合发展质量，打造

良好的营商环境，形成有序的竞争性市场空间布局，增强市场活力。利益协调机制主要围绕缩小城市间经济差距，鼓励利益相关者积极参与，形成互助互动，最终形成利益共享、风险共担的利益协调机制。对口帮扶机制主要围绕国家出台的对口支持政策展开，以对口帮扶、对口协作和对口合作为手段，强力推行先进城市对落后城市的帮扶。具体来讲，四大区域协调机制的建设内容如下。

一是建立良好的制度保障机制，保障发挥市场的决定性作用。本质上就是通过建立法律法规等正式制度来厘清政府与市场的边界，这也是机制设计理论的核心，必须打破过去的权威依赖与人治协同。这就要求政府在法治建设中必须坚持制度、机制、文化一体化推进，形成良好的法治生态，国家应通过科学立法、民主立法确保制定良好的法律，即要符合区域协调发展规律、符合地方官员个人及集体利益、当地居民利益和国家利益的集合利益；符合良好的社会道德伦理；符合立法技术规范。一旦良好的法律制定后，则应坚持市场化、法治化、民主化的改革道路，进一步完善市场经济体制，为其提供良好的制度环境和市场所无法提供的公共产品和服务。2013 年 11 月，在《中共中央关于全面深化改革若干重大问题的决定》中明确指出，政府的职责和作用主要是保持宏观经济稳定，加强和优化公共服务，保障公平竞争，加强市场监管，维护市场秩序，推动可持续发展，促进共同富裕，弥补市场失灵。在此基础上，本书认为，政府可以借鉴国外经验，推行行政权力列表制度、企业负面清单制度、政府服务清单制度、责任清单制度等相关列表制度，实现简政放权，创新政府管理模式，进一步明确政府与市场的边界，指导和引领政府间的良性竞争和有序合作。

二是进一步发挥市场活力机制，充分发挥市场的决定性作用。本质上就是充分发挥市场在资源配置中的决定性作用，通过优化要素配置来激发市场活力，促进协调发展，形成有序的竞争性市场空间布局。这就要求市场要素资源的市场化，即资本、劳动力、土地和信息的市场化，资本市场化取决于利率市场化和人民币汇率制度的改革；劳动力市场化取决于户籍制度的改革；土地市场化取决于二元土地市场制度的改革；信息市场化已基本完成。在此基础上，本书认为，通过发挥政府的作用，建立公平开放透明的市场规则（如统一的市场准入制度、统一的市场监管制度等）、完善市场决定价格的机制（如对农产品价格的完善等）、推进城乡统一的建设用地市场（如农村集体土地的同权同价等）、深化金融体制改革（如放宽外资股比限制等）、深化科技体制改革（如科技成果资本化和市场化等）、深化国有企业改革（如发展混合所有制经济等）等，最终建立起更加完备和完善的市场经济体制和体系，使市场在资源配置中起决定性作用。

三是正确对待利益协调机制，客观认清市场的决定性作用。本质上就是尊重和客观对待地方官员个体及地方政府集体利益、当地居民利益和国家利益的集合利益关系。只有有效协调各方利益冲突，才能够促进政策、资金、技术、人才、环境等领域的府际竞合行为，从而促进区域协调发展。根据机制设计理论可知，真正主导利益协调的不应由政府去进行所谓的"统一发展、统一规划、统一整合"，从而建立许多的行政指导机构或协调机构，而应发挥市场机制的决定性作用。在此基础上，本书认为，通过发挥政府的作用，一是改善政府政绩考核内容，不以"GDP 至上"，还应增加民生改善、社会进步、生态效益、政务公开等指标，也可以增加第三方评审机构的评估等。二是完善当地居民的利益要求、利益约束和利益调节机制，多种渠道、多形式广泛集中民智，广泛征询意见，切实解决好群众最关心、最直接、最现实的利益，使政府决策真正科学化、民主化，确保当地居民的个体利益。三是制定和完善现有的财税政策，优先关注民生改善，如精准扶贫脱贫、教育发展、就业创业、社会保障、住房保障、生态文明等各项财税政策。同时关注某些特殊地区、产业、企业和产品的发展，如促进中小微企业发展、新兴产业发展、高新技术企业发展的税收优惠政策，以促进产业结构调整和社会经济协调发展。还需关注地方政府的集体利益，政府间要形成良好的府际竞合关系，必然触及政府间利益的协调，那么必须遵循平等互惠、风险共担的原则，构建合理的区域利益分配机制，如建立地方政府间GDP和财税收入的共享体制，对跨地区投资、跨区域项目合作共建、共建园区、飞地产业园等制定合理的财税分配；如设立区域性的结构基金，解决公共治理问题；如实行差异化互补式发展战略，协同规划区域产业政策。

四是精细化对口帮扶机制，更好地发挥政府的积极作用。本质上就是先发政府对后发政府在竞合过程中的利益补偿，要精细化对口帮扶、对口协作和对口合作。在此基础上，本书认为通过发挥政府的作用，健全生态补偿机制，形成利益让渡机制，通过建立"一对一"或"多对一"的对口支持，向相对落后的政府输出资金、商品、先进技术、人力资源等实现财政资源横向转移和区域合作，如特色产业扶持、劳务协作、人才支持、对口支援项目援建、民生保障服务援助、交流合作平台等，以实现全方位、多层次、新模式的对口支援形式，达到共同发展、共同进步。

第五章 粤港澳大湾区区域协调发展特征及趋势分析

第一节 大湾区区域协调发展的新特征

2019 年，中共中央、国务院发布的《粤港澳大湾区发展规划纲要》中明确提出，实施区域协调发展战略，充分发挥各地区比较优势，加强政策协调和规划衔接，优化区域功能布局，推动区域城乡协调发展，不断增强发展的整体性。党的二十大报告在部署"促进区域协调发展"时提出："深入实施区域协调发展战略、区域重大战略、主体功能区战略、新型城镇化战略，优化重大生产力布局，构建优势互补、高质量发展的区域经济布局和国土空间体系"。为了促进区域协调发展，推动粤港澳大湾区的高质量发展，2021年以来，广东省以习近平新时代中国特色社会主义思想为指导，认真贯彻习近平总书记、党中央决策部署，以香港、澳门、广州、深圳为中心引领粤港澳大湾区建设，扎实打造新发展格局的战略支点，坚定不移推动高质量发展，以新担当新作为推动粤港澳大湾区高质量发展迈上新台阶。

一是突出创新驱动、示范带动。大湾区坚持把珠三角核心区打造成更具辐射力的改革发展主引擎，强化"基础研究＋技术攻关＋成果产业化＋科技金融＋人才支撑"全过程创新生态链构建，围绕粤港澳大湾区国际科技创新中心建设，构建"两点"（深港河套、粤澳横琴）和"两廊"（广深港、广珠澳科技创新走廊）融通创新发展格局，加快建设大湾区综合性国家科学中心，打造协同创新高地。支持广州、深圳"双城"联动，携手打造世界级先进制造业基地、现代服务业高地和总部经济集聚地。推进粤港澳大湾区珠江口一体化高质量发展试点，引领带动珠江口东西两岸融合互动发展。目前，大湾区正全力打造 17 家产业技术基础公共服务平台，已拥有国家级企业技术中心 87 家，累计培育国家级制造业单项冠军企业 84 家、国家级专精特新"小巨人"企业 407家，现正大力推动 3 家国家制造业创新中心的创建，在新一代信息技术、高端装备、新材料等领域布局建设 27 家省级制造业创新中心。①

---

① 罗勉. 粤港澳大湾区打造创新资源高度集聚的世界级先进制造业集群［N/OL］. 中国发展网, http://www.chinadevelopment.com.cn/news/cj/2022/09/1800481.shtml.

二是谋划融合发展、一体化提升。市场一体化是粤港澳大湾区发展合作的前提条件和基本要素。在粤港澳三地积极融入粤港澳大湾区建设的背景下，破除体制、关税、法律制度等障碍，提升市场一体化水平是各级政府思考的问题之一。当前，粤港澳大湾区仍面临"一个国家、两种制度、三个关税区、三种货币、三个法律框架"的现实困境，为确保大湾区高质量发展，融合发展是形成广东、香港、澳门全面合作的关键支点，湾区内各城市间经济融合、产业融合、区域整合的首要任务就是促进粤港澳共同发展，帮助内地借助澳门与香港的外贸优势，提升大湾区国际化建设质量。截至2022年底，大湾区内跨江跨海通道持续打通，随着广深港高铁、港珠澳大桥、南沙大桥相继建成并运营，粤港澳大湾区"一小时生活圈"基本形成；随着"深港通""跨境理财通"等持续推进，粤港澳三地在金融领域一体化水平逐步提升；在相关制度的支持下，已有402名港澳医师获得内地医师资格证，707名港澳律师参加大湾区律师执业考试，推动金融、税务等16个领域的港澳专业人才享受跨境执业便利①。

三是坚持高质量发展、高水平推进。广东省委、省政府于2023年1月28日召开全省高质量发展大会，这是近年来

---

① 曹晓静. 粤港澳大湾区释放改革发展新势能［N/OL］. 南方网，https：//opinion. southcn. com/node_df99595f32/623eb9acb7. shtml.

广东省召开的规模最大的会议。2月13日，广东省委农村工作会议暨全面推进"百县千镇万村高质量发展工程"促进城乡区域协调发展动员大会召开，数日后出台了《中共广东省委关于实施"百县千镇万村高质量发展工程"促进城乡区域协调发展的决定》。5月29日，广东省委、省政府出台《关于新时代广东高质量发展的若干意见》（以下简称《若干意见》），其中，《若干意见》提出要加快建设粤港澳大湾区国际科技创新中心，深化实施"湾区通"工程，推进横琴、前海、南沙三大平台建设，增强广州、深圳核心引擎功能。《若干意见》还提出，促进城乡区域协调发展，锻造高质量发展的潜力板，其中重点内容是发展壮大县域经济、推进新型城镇化建设、加快农业农村现代化和强化区域协同联动。以上可见广东省委、省政府将大湾区建设、区域协调发展放在相当重要的位置，积极动员全省上下快速投入高质量发展的决心和行动。

四是侧重制造业当家、产业协同发展。2022年粤港澳大湾区经济总量超13万亿元，综合实力显著增强，形成了"制造业＋金融＋科技"融合发展特色，先进制造业和高技术制造业增加值占规模以上工业比重2022年已提升至55%和30%。2023年6月1日，广东省出台《中共广东省委 广东省人民政府关于高质量建设制造强省的意见》（以下简称"制造业当家22条"），着力实施制造业当家"大产业"立柱架梁行动、"大平台"提级赋能行动、"大项目"扩容增量行动、"大企业"培优增效行动、"大环境"生态优化行动等五大提升行动，统筹推进坚持制造业当家、建设制造强省各项工作。"制造业当家22条"明确对标世界一流，谋划珠三角地区产业高端化发展，推动珠江东岸高端电子信息制造产业带和珠江西岸先进装备制造产业带深度融合，全面增强核心区的支撑引领力和辐射带动力，提出将加强珠三角地区与港澳、粤东粤西粤北地区与粤港澳大湾区、全省与国内国际重点区域的协同联动。

当前，粤港澳大湾区区域协调发展正走向深度融合，然而在产业、交通以及生存要素自由流动等区域协调方面的难点堵点痛点依然凸显，亟须通过解决这些制约性难题，不断增强粤港澳大湾区的竞争力、发展力、持续力。

一是产业协调性仍然较弱，产业同质化竞争现象凸显。大湾区各城市间的资源优势和要素禀赋存在较大差异，香港、澳门两个特别行政区与内地9个城市之间产业结构相差较大，产业同构现象较为明显，城市间缺乏协调和有效关联。胡霞娥（2022）研究指出，2010～2020年粤港澳协同度、粤港协同度、粤澳协同度、港澳协同度均呈现出波动式的变化趋势，协同水平均比较低。例如，东莞和深圳、中山和佛山等地产业结构相似度较高，存在大量产业布局重叠和交叉。此外，港澳产业相对单一、发展空间相对不足。殷立飞研究员 2022 在中国网刊文研究指出，2015～2020 年珠三角工业同构相似系数平均数基本呈上升态势，如深圳、东莞和珠海的系数均达 0.9 以上，中山、佛山和珠海之间的系数也在 0.8 左右，肇庆和江门的系数在 0.7 以上。以上说明产业同构情况仍未得到缓解，产业链内重复建设和同质竞争等问题凸显，抑制了珠三角产业内循环。

二是大湾区基础设施建设一流但协调不足，一体化网络建设尚需加快。粤港澳大湾区以珠江为界，东西两岸的交通互联互通发展不均衡，总体上呈现东强西弱的格局。例如，由于高铁、城际、城轨和地铁等运营主体不同，各主体的经营模式虽有其各自的区域特色，但是各个运营主体间的信息互通、管理政策互通、规划理念互通等较为缺乏，各主体之间缺乏较为有效的信息共享平台和联动模式。例如，根据广东省审计厅 2023 年 7 月发布的《广东省人民政府关于 2022 年度省级预算执行和其他财政收支的审计工作报告》称，广东省审计调查了 2022 年全省部分重点项目建设情况，由于路省双方就合资铁路股权问题未能达成一致，广佛南环和佛莞城际铁路已完工长达两年仍未投入运营（截至 2023 年 5 月），涉及投资 310 亿元。另外，大湾区各个城市交通规划和管理相对独立，衔接程度不高，而且香港、澳门两个特别行政区与其他 9 个城市的行政等级和管理层级不一致，导致交通规划比较零散，一定程度上阻碍了大湾区交通一体化的进程，截至 2022 年底，大湾区高速公路有过江通道只有 4 条（黄埔大桥、南沙大桥、虎门大桥、港珠澳大桥），其余在建的过江通道有 5 条，目前，珠海、中山、江门及澳门至今还没有铁路干线连接。其次，大湾区内有客运能力的机场共有七座，其中香港、广州、深圳三个枢纽机场占据了全部机场客运量的 90% 以上份额①，由于湾区内机场一般处于单独的一个区域，与其他交通线路和枢纽站点连接的方式也较单一，导致大湾区内大型综合性的交通枢纽偏少，各个城市间交通基础设施的转换存在不便。此外，大湾区客货运输量呈逐年上升的趋势，但主要集中在公路、水路和航空运输方面，铁路运输承担的客货运输量较小，致使湾区江海联运、铁水联运、公水联运、海空联运等发展缓慢。

三是产业发展要素的流通不够顺畅，仍存在诸多难点堵点。由于粤港澳三地经济制度、法律体系、行政体系以及社会文化的差异导致协调成本较高，使得湾区内的人才、资本、技术、信息、货物等产业发展要素的流通还不够顺畅。例如，科研资金的管理方式差异较大、知识产权法规和管理体制不同阻碍了创新要素的自由流动；湾区内部财政科研资金对港澳跨境拨付仅在国家和省级层面取得进展，但在地市层面还难以衔接，科研资金跨市申领未实现完全开放；港澳

---

① 殷立飞. 深入推进粤港澳大湾区高水平协同发展［N/OL］. 羊城晚报，http：//ep. ycwb. com/epaper/ycwb/html/2022 - 12/27/content_6_545156. htm.

居民仍然以境外居民对待，有着严格的出入境管理，内地税收优惠人群只适用于高端顶尖人才、人工智能领域领军人才、应用核心技术人员以及解决方案研发人员等，对于大部分想来内地工作的普通港澳人士来说可能并不适用于上述紧缺人才的规定；港澳与内地还存在医疗、税收、薪资、教育、网络限制等方面的多种障碍，例如，大湾区城市的医疗政策并未获取医疗药物、器械的审批权，境外药品及医疗设备的进口规制较多，暂未实现科创设备和资源完全共通共享，不利于三地医疗机构协调发展；香港强制性公积金与内地社保制度无法直接关联，国家尚未出台医疗保险关系和工伤保险关系转移至港澳的政策。

总体来说，粤港澳大湾区区域协调发展的新特征表现为具有层次性、复杂性、开放性、整体性、动态性等特征，其影响因素众多，影响路径复杂交错，体现为多通道多方位多链条，亟须从重点方向加强突破，提升大湾区区域协调发展水平。

第二节　大湾区区域协调发展的大趋势

经过数年发展，粤港澳大湾区内的城市合作、产业互通正变得愈发紧密，产业集群呈现出明显的跨城市的特点，科学、技术、生产在不同的城市之间不断实现一体化整合，形成了以香港、深圳和广州为联动核心的区域科技创新体系。面向现代化新征程，粤港澳大湾区的区域协调水平正从全面协调走向深度融合，这将助力大湾区高质量发展迈向世界级活力湾区。

一是经济联系越来越紧密，轨道上的大湾区加快形成。一般来说，城市间的经济联系与每个城市的经济产出成正比，与城际交通时间成反比，两个城市的规模越大，城际交通时间越短，相互之间的影响程度便越高。目前，大湾区内各城市不断凝聚各方力量，在以基础设施建设为内涵的"硬联通"和以规则机制对接为内涵的"软联通"两大领域不断取得新突破、新进展，经济要素的流动日益顺畅，科技融合、人才融合、产业融合更加深入广泛，粤港澳大湾区建设开始进入融合发展新阶段。例如，近年来，大湾区的交通基础设施日益改善，区内城市间的直达路线，尤其是来往非核心城市的直达路线变得更多。截至 2022 年 8 月，大湾区铁路运营里程近 2500 公里，其中高铁里程 1430 公里，在建里程 975 公里；大湾区珠三角 9 市已有城际铁路运营里程 476 公里，12 个城际铁路项目正在加快建设，在建里程 362 公里；珠三角 9 市轨道交通运营里程达 1092 公里，在建里程 662 公里。[①] 截至 2022 年底，粤港澳大湾区高速公路通车里

---

① 牛镛，袁勃. 粤港澳合作 互联互通正加速（经济聚焦）[N/OL]. 人民网，http://finance.people.com.cn/n1/2022/0420/c1004-32403250.html.

程突破 5000 公里，铁路运营里程近 3000 公里，珠三角 9 市城市轨道运营里程达 1137.5 公里，广州、深圳城市轨道交通客运量占比超过 50%。① 随着广深港高铁、穗莞深城际铁路等建成运营，广湛、深江、深汕高铁，澳门轻轨延伸横琴线，珠肇高铁、广花城际等项目开工建设，特别是深中通道预计 2024 年建成通车，届时珠江东西两岸车程将大大缩短，大湾区城市之间轨道交通互联互通水平显著提高。高速铁路网的扩张，大幅缩短了城际交通时间，从而人们可以用更短的时间到达更远的城市。随着城际交通时间大幅缩短，粤港澳大湾区内部城市间联系将更加紧密。

二是制度性开放力度越来越大，资源要素自由流动越来越宽松。制度型开放是大湾区持续发展的根基，当前，依托香港、澳门的国际化优势，大湾区正纵深推进与国际制度规则的对接衔接。为破解粤港澳三地融合发展瓶颈，过去两年多来，在国家整体谋划推动下，"横琴方案""前海方案""南沙方案"成功问世，三个深度合作示范区正成为大湾区当下和未来的重要开放平台，促进三地优势互补、协同发展，推动大湾区扩大开放。例如，目前港澳企业在法律、会计、建筑等领域投资营商享受国民待遇。2022 年 10 月，广州海关出台 48 条细化措施，支持南沙深化面向世界

---

① 林先扬. 高水平谋划推进新阶段粤港澳大湾区建设［J/OL］. 南方杂志社，https://www.nfzz.net.cn/node_0d24d41452/ac1cb326a9.shtml.

的粤港澳全面合作开展"跨境科研用物资正面清单"试点、试点生物医药研发用物品进口"白名单"制度、探索在南沙公立医院开展跨境转诊合作、扩大"湾区一港通"模式试点、争取在南沙开展港澳 OTC 药品跨境电商进口试点等举措；从 2023 年 1 月 1 日零时起，"澳车北上"澳门私家车正式入粤；2023 年 2 月，大湾区内地城市往来港澳人才签注政策试点实施；2023 年 2 月出台的"前海金融30条"，围绕深化深港金融合作、深港金融市场和基础设施互联互通、扩大金融业对外开放、发展特色金融产业、加强金融监管合作等方面提出 30 条具体举措；从 2023 年 5 月 15 日起，内地居民可以向全国任一公安机关出入境管理窗口提交赴香港、澳门团队旅游签注申请，无须提交其他申请材料；从 2023 年 8 月起，15 类澳门医疗人员在横琴可免试多点执业。

三是大湾区综合实力不断提升，正打造高质量发展典范。在 GDP 持续增长方面，2021 年粤港澳大湾区经济总量约 12.6 万亿元，比 2017 年增长约 2.4 万亿元[①]；2022 年粤港澳大湾区 11 城 GDP 总额超过 13 万亿元，其中，香港人均GDP 达 33.05 万元，澳门人均 GDP 达 21.8 万元；2022 年《财富》世界 500 强榜单中我国共 145 家公司上榜，24 家总

---

① 王浩明. 2021 粤港澳大湾区经济总量约 12.6 万亿元人民币［N/OL］. 新华社，https：//www.gov.cn/xinwen/2022－04－19/content_5686159.htm.

部位于大湾区①。在科技创新方面，广东省现有高新技术企业超 6 万家，其中绝大部分都在粤港澳大湾区，已有 50 个国家重点实验室、超 60 家"独角兽"企业、1000 多个产业孵化器、277 家新型研发机构和近 1.5 万家投资机构，"深圳—香港—广州科学技术集群"连续两年位居世界知识产权组织创新指数排名第二位②；大湾区专利授权量持续增长，从 2016 年的 23.06 万件增加至 2021 年的 78.3 万件，年增长率高达 40%③。在"湾区通"软联通方面，三地规则衔接、机制对接的"软联通"不断深化，开放型经济新体制加快形成。例如，"深港通"、债券"南向通"、"跨境理财通"等措施落地实施，人民币成为粤港澳跨境收支第一大结算货币；港澳居民入编大湾区内地城市事业单位"能报、能考、能聘、能管、能用"；粤港澳三地共同公布 110 项"湾区标准"，涵盖食品、粤菜、中医药、交通、养老、物流等 25 个领域；"湾区社保通""港澳药械通"等民生服务带来了直接的民生实惠④。总体上说，即使在全球经济形势充满不确定性的当

---

① 何梓阳.《财富》公布世界 500 强榜单 大湾区 24 家企业上榜［N/OL］. 南方网，https：//news. southcn. com/node_54a44f01a2/0680ebb74c. shtml.

② 汪灵犀. 科技创新，潮起大湾区（新时代新征程新伟业）［N/OL］. 人民日报海外版，http：//hm. people. com. cn/n1/2022/1217/c42272－32588716. html.

③ 广东粤港澳大湾区研究院课题组. 2022 年粤港澳大湾区创新力发展报告［R］. 2022，11.

④ 赵文涵. 粤港澳三地共同公布 110 项"湾区标准"［N/OL］. 新华网，http：//m. news. cn/2023－04/24/c_1129557222. htm.

下，依然保持强势发展，展现出前所未有的韧劲和活力。

四是大湾区内城市间经济差距呈扩大趋势，城市抱团发展走向竞合。比较城市间的经济发展水平，通常是根据人均GDP 或人均收入数据的，这也是国际通用标准。如表 5 - 1 所示，从人均 GDP 来看，2022 年，港澳地区的人均 GDP 分别高达 33.05 万元与 21.8 万元，内地最高的是深圳，不到 19 万元，珠海与广州都在 16 万元左右，中山、江门和肇庆的人均 GDP 尚低于全国平均水平，尤其是肇庆连 7 万元都不到，说明大湾区内城市间人均 GDP 的分层跨度非常大。另外，从人均可支配收入来看，2022 年，香港人均年收入多达 18.06 万元，澳门更是超过 19 万元，深圳与广州刚突破 7 万元，还不到港澳两地的一半，东莞、佛山和珠海不到 6.5 万元、中山还在 6 万元的门槛前，惠州不到 4.5 万元，江门只有 3.87 万元，而肇庆竟然比全国均值还要低，只有 31470 元。纵观大湾区各城市的发展水平，港澳虽说近些年经济发展速度不快，但依仗多年的积累仍能处于相当高的地位，珠三角内部的经济差距也是非常大，层级发展水平非常明显，并呈现扩大趋势。

表 5 - 1　　2022 年粤港澳大湾区城市各项指标

城市	人均 GDP（万元）	人均收入（元/年）	GDP 总值（亿元）
香港	33.05	184392	24279.5
澳门	21.80	131088	1478.2

续表

城市	人均 GDP（万元）	人均收入（元/年）	GDP 总值（亿元）
深圳	18.34	72718	32387.7
珠海	16.33	62976	4045.5
广州	15.39	71358	28839.0
佛山	13.29	64150	12698.4
东莞	10.73	64611	11200.3
惠州	8.93	44890	5401.2
中山	8.20	59764	3631.3
江门	7.83	38756	3773.4
肇庆	6.55	31470	2705.1

资料来源：各地统计局。

在大湾区 11 个城市经济发展水平逐渐扩大的趋势下，各城市间也在不断加强合作，提升城市发展水平。例如，2019 年全面启动广州穗港智造合作区、顺德粤港澳协同发展合作区、港深创科园、横琴粤澳深度合作区、前海深港现代服务业合作区、广州南沙粤港澳全面合作示范区等一批特色合作平台建设。近年来，已逐步实现广佛肇、惠莞深、珠中江三大城市组团经济圈，其突破城市边界的产业集群加速发展，例如，广佛两地携手深圳、东莞共建的广深佛莞智能装备集群，携手惠州共建广佛惠超高清视频和智能家电集群，均入选工信部公示的 25 个先进制造业集群；松山湖科学城与光明科学城携手共建综合性国家科学中心；广佛两地大力共建先进装备制造、汽车、新一代信息技术、生物医药与健康 4 个万亿级产业集群，凸显了"广州服务 + 佛山制造"的协同效应；根据香港特区政府统计处的数据，香港企业与粤港澳大湾区单位有协作的单位占比都超过 1/4，仅次于本地协作占比，且有上升态势；根据世界产权组织发布的《全球创新指数报告》，深圳、香港、广州三地在 SCIE 科学出版物和 PCT 国际专利申请量方面存在较强的合作链接，三地创新互动黏性持续增强；2023 年 2 月，深圳福田区与香港特区政府签署了 25 项协议，以加强在技术、商业和贸易等多领域的合作；2023 年 3 月，粤港共同签署了《粤港共建智慧城市群合作协议》《粤港科技创新交流合作协议》《关于深化粤港金融合作的协议》《粤港澳大湾区药品医疗器械安全监管协作备忘录》《粤港劳动监察交流及培训合作机制协议》等文件。综上可以看出，粤港澳大湾区三地政府步调一致，协同共进，大湾区合作建设取得了良好成效，区域协调发展水平不断达到新的高度。

第六章 府际竞合对粤港澳大湾区区域协调发展水平的影响分析

第一节 大湾区内部经济联系量化研究

由前述分析可知，区域协调发展的总目标包含三大子目标，即加强区域经济联系、保持区域经济增长和缩小区域经济差距。在新时代新征程建设过程中，粤港澳大湾区区域协调发展具有新特征、新目标，它既肩负着推动香港与澳门更好融入国家发展大局的重任，更需要扎实推进全体人民共同富裕。因此，本书认为粤港澳大湾区区域协调发展的新目标是实现大湾区都市圈资源协同共享、产业集聚空间错位发展、创新资源开放共享合作、城市差距持续缩小、公共服务适度均衡、市场一体化程度明显提升、优质生活圈基本实现。为进一步加强府际竞合对大湾区区域协调发展的影响研究，本书选取三个维度进行实证分析，即经济联系、产业集聚、市场一体化，这三个方面为大湾区区域协调发展战略的主体内容。

一、城市间经济联系

从经济学角度看，城市作为一个开放系统，是经济要素集聚构成的经济集聚体，城市之间不断发生人口、货物、资金、技术、信息等的跨区域流动，这些要素的空间流动使城市间形成各种各样的联系，通常来讲，经济要素流动得越频繁越集中，城市之间的联系越紧密，城市的经济规模就越大，带来的经济增长就越强，通过持续不断的循环累积，城市之间不断互动发展。关于城市经济联系的形成主要有"空间相互作用论""城市网络论""区域分工理论"等，顾朝林（1992）将城市间的空间联系分为自然联系、经济联系、技术联系、社会联系和行政管理联系五种类型，其中，经济联系是城市间空间联系最普遍也最活跃的组成部分，他认为经济联系包含由基础设施构成的城市间进行物资交换的通道、城市间生产活动中前向后向的联系以及资金相关的联系。关于城市间经济联系水平的测度，引力模型和城市流强度模型是最为常见的方法，除此之外，部分文献采用欧式距离法、投入产出模型等方法对经济联系进行定量研究，依据鲁金萍等（2015）的研究成果，由于城市间经济引力具有单向性和差异性特征，因此各城市对经济引力的贡献是不同的，本书选取修正引力模型，计算大湾区内部城市之间的经济联系。

二、研究方法

齐普夫（Zipf，1946）首次将万有引力定律引入城市空间相互作用研究，此后引力模型被广泛应用于距离衰减效应和空间相互作用的研究，特别是引力模型被众多学者用于测度城市间的经济联系，大多数学者通常使用 GDP 和人口的乘积来代表城市的经济质量，距离使用空间距离测算，在实际研究过程中，通常加入参数 K，采用修正的引力模型。其表达式为：

$$R_{ij} = K_{ij} \times \frac{\sqrt{P_i \times V_i} \times \sqrt{P_j \times V_j}}{D_{ij}^2}, \ K_{ij} = \frac{V_i}{V_i + V_j} \quad （6-1）$$

其中，R_{ij} 是城市 i 对城市 j 的经济引力；P_i 和 P_j 为两城市人口数（万人）；V_i 和 V_j 为两城市的综合实力；D_{ij} 为两城市间的距离（公里）；k_{ij} 表示城市 i 对 R_{ij} 的贡献率。

三、大湾区内部经济联系特征分析

本书运用修正引力模型对 2016～2020 年粤港澳大湾区 11 个城市之间的经济联系进行测算。数据选取全市年末常住人口（万人）、地区生产总值（GDP）（亿元）以及利用经纬度测算城市间的空间直线距离（km）三个指标，其中，广东省 9 市的 GDP 数据和年末常住人口数据来自历年《广东省统计年鉴》，港澳 GDP 数据和人口数据来源于《中国统计年鉴》，由于统计口径有差异，港澳 GDP 数据均根据历年《中国统计年鉴》统计的该年平均汇率转换成人民币作为统一单位，港澳人口数据则采用历年《中国统计年鉴》中统计的年终常住人口。此外，通过收集各地政府驻地的经纬度计算各城市之间的地理距离。数据结果内容如表 6－1和图 6－1 所示。

表 6－1　　　　　　　大湾区 11 个城市经济联系总量

单位：亿元·万人/平方公里

地区	2016 年	2017 年	2018 年	2019 年	2020 年	5 年均值	综合排名
广州	17318.69	19597.08	21384.45	23832.48	24168.77	21260.29	1
佛山	16625.44	18683.48	20329.50	22566.57	22865.88	20214.18	2
深圳	12657.43	15023.55	16674.31	18789.60	19484.61	16525.90	3

续表

地区	2016 年	2017 年	2018 年	2019 年	2020 年	5 年均值	综合排名
香港	11095.53	13133.71	14513.33	16326.99	16858.36	14385.58	4
东莞	4552.72	5189.92	5779.27	6696.78	6850.00	5813.74	5
珠海	2585.53	3137.09	3551.60	4192.32	4233.67	3540.04	6
澳门	2151.23	2596.12	2924.19	3468.11	3273.54	2882.64	7
中山	2416.03	2692.78	2948.11	2919.76	2995.28	2794.39	8
江门	2099.53	2356.31	2576.28	2853.04	2921.83	2561.40	9
惠州	1191.96	1357.03	1493.94	1611.25	1640.30	1458.89	10
肇庆	338.33	340.93	359.52	367.74	382.45	357.79	11
大湾区总量	73032.42	84108.00	92543.48	103624.64	105674.69		

资料来源：笔者计算所得。

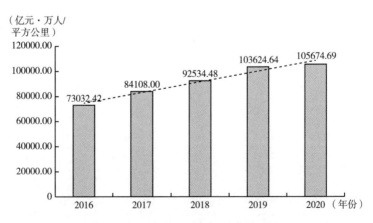

图 6-1 粤港澳大湾区经济联系总量

　　总体上看，粤港澳大湾区的整体经济联系总量显著增加，2016 年经济联系总量为 73032.42 亿元·万人/平方公里，2020 年总量增至 105674.69 亿元·万人/平方公里，五年年均增长率达 107.67%，说明大湾区区域一体化程度持续加深。从大湾区内部各城市经济联系总量来看，各城市经济联系总量持续增加，大湾区的经济联系网络逐步完善，通过计算对比各城市内部经济联系平均值，可以发现肇庆市经济联系总量平均值是倒数第一，仅为 357.79 亿元·万人/平方公里，且最近五年肇庆的经济联系总量值从未突破 500 亿元·万人/平方公里，其他城市经济联系总量平均值超过 1000 亿元·万人/平方公里，其中，广州经济联系总量连续五年排名第一，五年均值达 21260.29 亿元·万人/平方公里，佛山和深圳分别排名第二、第三。另外，广州与肇庆经济联系差距比从 2016 年的 51∶1 扩大到 2020 年的 63∶1。以上说明城市内部经济联系总量差距非常大，并且有持续扩大趋势，大湾区城市形成明显的三级圈层，即核心城市突破万亿，中心城市突破千亿，边缘城市低于千亿，城市发展差距非常明显，经济发展不均衡现象非常突出。

　　另外，根据经济联系总量结果和城市经济联系情况，继续深入分析 11 个城市间的城市对经济联系量，数据结果如表 6-2～表 6-6 所示。

表 6 - 2　　　　2016 年粤港澳大湾区城市对经济联系量

单位：亿元·万人/平方公里

排名	城市对	经济联系量	排名	城市对	经济联系量	排名	城市对	经济联系量
1	佛山—广州	13580.97	13	东莞—中山	392.74	25	佛山—珠海	142.78
2	深圳—香港	9764.41	14	中山—珠海	340.72	26	中山—深圳	139.38
3	珠海—澳门	1640.72	15	佛山—深圳	317.11	27	肇庆—佛山	97.67
4	东莞—广州	1364.52	16	东莞—江门	263.64	28	江门—珠海	89.68
5	深圳—广州	1207.10	17	东莞—香港	257.23	29	珠海—深圳	83.12
6	佛山—江门	858.42	18	惠州—深圳	236.82	30	东莞—澳门	81.02
7	东莞—深圳	783.08	19	中山—广州	181.49	31	惠州—广州	81.01
8	东莞—佛山	701.18	20	东莞—珠海	157.50	32	惠州—香港	80.51
9	香港—广州	617.55	21	江门—广州	156.03	33	佛山—澳门	78.72
10	佛山—中山	545.36	22	佛山—香港	155.14	34	中山—香港	73.76
11	东莞—惠州	522.31	23	佛山—惠州	148.10	35	肇庆—广州	68.21
12	江门—中山	517.95	24	中山—澳门	146.13	36	珠海—香港	61.12

续表

排名	城市对	经济联系量	排名	城市对	经济联系量	排名	城市对	经济联系量
37	澳门—深圳	60.42	44	肇庆—中山	30.60	51	肇庆—深圳	13.74
38	肇庆—江门	59.61	45	肇庆—东莞	29.51	52	肇庆—珠海	12.95
39	江门—深圳	52.26	46	江门—香港	29.07	53	肇庆—惠州	11.30
40	澳门—香港	49.01	47	江门—惠州	26.77	54	肇庆—香港	7.74
41	中山—惠州	47.90	48	澳门—广州	26.68	55	肇庆—澳门	7.01
42	江门—澳门	46.11	49	珠海—惠州	21.83			
43	珠海—广州	35.12	50	澳门—惠州	15.41			

资料来源：笔者计算所得。

表6-3　　　　2017年粤港澳大湾区城市对经济联系量

单位：亿元·万人/平方公里

排名	城市对	经济联系量	排名	城市对	经济联系量	排名	城市对	经济联系量
1	佛山—广州	15272.56	4	东莞—广州	1565.55	7	东莞—深圳	895.17
2	深圳—香港	11637.95	5	深圳—广州	1460.27	8	东莞—佛山	799.03
3	珠海—澳门	2026.06	6	佛山—江门	957.21	9	香港—广州	681.99

续表

排名	城市对	经济联系量	排名	城市对	经济联系量	排名	城市对	经济联系量
10	佛山—中山	607.68	23	佛山—珠海	166.74	36	澳门—深圳	69.89
11	东莞—惠州	592.15	24	佛山—惠州	166.05	37	肇庆—广州	68.29
12	江门—中山	586.85	25	中山—澳门	157.97	38	肇庆—江门	60.45
13	东莞—中山	443.34	26	中山—深圳	151.28	39	江门—深圳	59.12
14	中山—珠海	383.12	27	珠海—深圳	107.25	40	澳门—香港	56.77
15	佛山—深圳	356.04	28	江门—珠海	102.97	41	中山—惠州	52.33
16	东莞—江门	297.03	29	肇庆—佛山	98.31	42	江门—澳门	51.21
17	东莞—香港	291.94	30	惠州—广州	94.21	43	珠海—广州	45.81
18	惠州—深圳	272.99	31	惠州—香港	92.82	44	江门—香港	32.97
19	中山—广州	198.85	32	东莞—澳门	90.97	45	肇庆—中山	31.26
20	东莞—珠海	185.23	33	佛山—澳门	87.50	46	澳门—广州	31.16
21	江门—广州	178.41	34	中山—香港	80.10	47	江门—惠州	30.11
22	佛山—香港	172.37	35	珠海—香港	79.13	48	肇庆—东莞	29.52

续表

排名	城市对	经济联系量	排名	城市对	经济联系量	排名	城市对	经济联系量
49	珠海—惠州	27.37	52	肇庆—珠海	13.42	55	肇庆—澳门	7.00
50	澳门—惠州	17.59	53	肇庆—惠州	11.41			
51	肇庆—深圳	13.59	54	肇庆—香港	7.68			

资料来源：笔者计算所得。

表 6-4　　　2018 年粤港澳大湾区城市对经济联系量

单位：亿元·万人/平方公里

排名	城市对	经济联系量	排名	城市对	经济联系量	排名	城市对	经济联系量
1	佛山—广州	16601.04	7	东莞—深圳	1007.44	13	东莞—中山	488.71
2	深圳—香港	12893.33	8	东莞—佛山	888.74	14	中山—珠海	425.18
3	珠海—澳门	2301.68	9	香港—广州	722.03	15	佛山—深圳	389.67
4	东莞—广州	1750.23	10	佛山—中山	660.26	16	东莞—江门	326.02
5	深圳—广州	1634.77	11	东莞—惠州	653.22	17	东莞—香港	324.86
6	佛山—江门	1037.86	12	江门—中山	645.08	18	惠州—深圳	302.25

续表

排名	城市对	经济联系量	排名	城市对	经济联系量	排名	城市对	经济联系量
19	中山—广州	216.13	32	东莞—澳门	100.09	45	澳门—广州	34.31
20	东莞—珠海	209.37	33	佛山—澳门	94.94	46	肇庆—中山	33.09
21	江门—广州	197.35	34	珠海—香港	91.10	47	江门—惠州	33.01
22	佛山—香港	186.26	35	中山—香港	86.87	48	珠海—惠州	31.18
23	佛山—珠海	186.24	36	澳门—深圳	77.33	49	肇庆—东莞	30.59
24	佛山—惠州	180.49	37	肇庆—广州	72.00	50	澳门—惠州	19.24
25	中山—澳门	170.86	38	江门—深圳	65.69	51	肇庆—珠海	14.47
26	中山—深圳	165.21	39	肇庆—江门	63.51	52	肇庆—深圳	14.39
27	珠海—深圳	124.23	40	澳门—香港	62.37	53	肇庆—惠州	12.03
28	江门—珠海	115.32	41	中山—惠州	56.72	54	肇庆—香港	8.09
29	肇庆—佛山	103.98	42	江门—澳门	56.00	55	肇庆—澳门	7.37
30	惠州—广州	103.78	43	珠海—广州	52.82			
31	惠州—香港	102.01	44	江门—香港	36.41			

资料来源：笔者计算所得。

表 6 - 5 　　　　　2019 年粤港澳大湾区城市对经济联系量

单位：亿元·万人/平方公里

排名	城市对	经济联系量	排名	城市对	经济联系量	排名	城市对	经济联系量
1	佛山—广州	18455.63	11	江门—中山	716.09	21	佛山—珠海	213.76
2	深圳—香港	14568.29	12	佛山—中山	686.56	22	佛山—香港	205.42
3	珠海—澳门	2828.97	13	东莞—中山	530.41	23	佛山—惠州	196.62
4	东莞—广州	2071.88	14	佛山—深圳	428.67	24	中山—广州	175.33
5	深圳—广州	1855.00	15	东莞—香港	381.54	25	珠海—深圳	155.97
6	东莞—深圳	1178.66	16	中山—珠海	378.99	26	中山—澳门	148.18
7	佛山—江门	1140.09	17	东莞—江门	370.72	27	中山—深圳	130.61
8	东莞—佛山	1030.45	18	惠州—深圳	305.28	28	江门—珠海	129.09
9	香港—广州	767.52	19	东莞—珠海	248.28	29	珠海—香港	115.82
10	东莞—惠州	740.79	20	江门—广州	221.28	30	东莞—澳门	113.72

续表

排名	城市对	经济联系量	排名	城市对	经济联系量	排名	城市对	经济联系量
31	惠州—广州	107.20	40	澳门—香港	65.96	49	肇庆—东莞	30.31
32	肇庆—佛山	105.54	41	肇庆—江门	65.12	50	澳门—惠州	20.53
33	惠州—香港	104.22	42	江门—澳门	61.80	51	肇庆—珠海	15.05
34	佛山—澳门	103.84	43	中山—惠州	49.04	52	肇庆—深圳	14.42
35	澳门—深圳	80.81	44	江门—香港	40.38	53	肇庆—惠州	12.46
36	肇庆—广州	74.08	45	珠海—惠州	38.54	54	肇庆—香港	8.23
37	江门—深圳	71.90	46	澳门—广州	36.68	55	肇庆—澳门	7.61
38	中山—香港	69.61	47	江门—惠州	36.57			
39	珠海—广州	67.86	48	肇庆—中山	34.93			

资料来源：笔者计算所得。

表 6 - 6　　　　2020 年粤港澳大湾区城市对经济联系量

单位：亿元·万人/平方公里

排名	城市对	经济联系量	排名	城市对	经济联系量	排名	城市对	经济联系量
1	佛山—广州	18685.66	12	佛山—中山	699.33	23	佛山—惠州	200.33
2	深圳—香港	15141.16	13	东莞—中山	543.03	24	中山—广州	178.31
3	珠海—澳门	2807.49	14	佛山—深圳	437.92	25	珠海—深圳	163.61
4	东莞—广州	2117.60	15	中山—珠海	396.76	26	中山—澳门	147.40
5	深圳—广州	1959.69	16	东莞—香港	394.28	27	江门—珠海	135.32
6	东莞—深圳	1216.76	17	东莞—江门	379.77	28	中山—深圳	134.85
7	佛山—江门	1161.98	18	惠州—深圳	313.56	29	珠海—香港	123.17
8	东莞—佛山	1055.32	19	东莞—珠海	259.07	30	肇庆—佛山	110.08
9	东莞—惠州	759.24	20	江门—广州	225.44	31	惠州—广州	108.57
10	江门—中山	735.98	21	佛山—珠海	221.86	32	惠州—香港	108.33
11	香港—广州	734.61	22	佛山—香港	209.70	33	东莞—澳门	93.54

排名	城市对	经济联系量	排名	城市对	经济联系量	排名	城市对	经济联系量
34	佛山—澳门	83.71	42	江门—香港	42.37	50	肇庆—深圳	15.10
35	肇庆—广州	76.33	43	珠海—惠州	40.32	51	肇庆—惠州	12.97
36	江门—深圳	74.36	44	江门—惠州	37.68	52	澳门—广州	12.43
37	中山—香港	72.93	45	肇庆—中山	36.22	53	澳门—惠州	8.82
38	珠海—广州	70.14	46	肇庆—东莞	31.39	54	肇庆—香港	8.76
39	肇庆—江门	67.56	47	澳门—深圳	27.60	55	肇庆—澳门	8.12
40	江门—澳门	61.37	48	澳门—香港	23.05			
41	中山—惠州	50.46	49	肇庆—珠海	15.93			

资料来源：笔者计算所得。

从 2016～2020 年城市对的经济联系量情况来看，粤港澳大湾区各城市间的经济联系越来越紧密，但是在发展过程中始终存在城市间经济联系过度不均衡现象，具体表现如下：佛山—广州一直是大湾区最强联系城市对，2016 年经济联系总量为 13580.97 亿元·万人/平方公里，到 2020 年总量高达 18685.66 亿元·万人/平方公里；深圳—香港是次强联系城市对，从 2016 年的 9764.41 亿元·万人/平方公里增加到 2020 年的 15141.16 亿元·万人/平方公里；排名第三的城市对是珠海—澳门，但是其经济联系总量远远低于排名第一和第二的城市对；最弱联系城市对和次弱联系城市对分别是肇庆—澳门、肇庆—香港，二者经济联系总量一直未超过 10 亿元·万人/平方公里。另外，从 2016～2020 年城市对的经济联系强度来看，明显出现层次分明、落差巨大的城市对空间结构网络，并且保持绝对稳定态势，具体来说，排名第一层次的超强城市对是佛山—广州、深圳—香港，并且这两个城市对的经济联系值越来越强；排名第二层次的次强城市对是广州—东莞、广州—深圳和珠海—澳门，但是与第一层次城市对经济联系总量相比较，落差已经非常明显，几乎形成 5 倍落差；其他城市之间都是处于相互较弱的城市对状态，并且都是积极与大湾区中心城市加强经济联系，而并非基于城市相邻原则的地理空间而加强彼此联系。这充分说明近五年以来，各城市之间的经济联系总量保持持续增长状态，但是未能改变城市对的经济联系空间结构，即使 2019 年《粤港澳大湾区发展规划纲要》实施以后，广州依然是与其他城市间保持最强经济联系的城市，并且广州和佛山、深圳和香港、珠海和澳门一直是经济联系最紧密的城市对，彼此之间经济联系总量显著提升。另外，广州始终是其他城市选择加强经济联系的第一选项，虽然深圳、珠海、佛山、东莞也与其他城市的经济联系总量有所增长，但是保持经济联系的紧密程度远远低于与广州的经济联系。值得一提的是，虽然广佛肇、深莞惠、珠中江三个经济圈在 2008 年《珠江三角洲地区改革发展规划纲要（2008～2020 年）》就已正式提出，但是东莞始终与广州保持更高的经济联系，其与深圳的经济联系总量始终低于广州；深圳也与东莞情况类似，始终与广州保持更高的经济联系；佛山除了与广州保持高度紧密联系外，其与江门、东莞也始终保持较高的经济联系，却与肇庆的经济联系相对很低；中山始终与佛山保持更高的经济联系，同时持续加强与江门的经济联系；肇庆除了与佛山保持相对较高的经济联系外，与所有其他城市的经济联系都比较弱，特别是与香港、澳门的经济联系处于垫底状态。从经济联系总量增速来看，2020 年与 2016 年相比，大湾区各城市间的经济联系持续增强，但是，佛山、东莞始终突出加强与广州和深圳的经济联系，而与其他城市的经济联系普遍增加速度不高；珠海虽与澳门一直保持较强的经济联系，但是其增长速度缓慢，并且珠海与其他城市保持经济联系强度也不高；其他非中心城市基本上与其他城市的经济联系虽然有一定增幅，但是总体经济联系强度非常弱。以上充分说明，即使广东省政府一直推动三个经济圈内部加强全方位经济联系和城市内部合作，但是各城市依然按照各自发展，有选择性地与其他城市保持经济联系，这也从侧面印证了府际竞合是基于集合利益最大化原则而形成的一对一的竞合行为。

第二节　大湾区产业集聚量化研究

　　粤港澳大湾区是世界制造业重要基地，产业基础扎实，体系完备，根据粤开宏观《粤港澳大湾区产业发展报告2023》报告指出，大湾区产业体系呈现出"由轻到重"的演进特征，由低端走向中高端，由外需导向转向内外结合的产业发展态势。2023 年 6 月 16 日，广东省委、省政府印发《广东省质量强省建设纲要》，提出要充分发挥粤港澳大湾区、深圳中国特色社会主义先行示范区"双区"和横琴、前海、南沙三大平台叠加优势，引领全省加快发展战略性新兴产业、先进制造业、现代服务业，推动建设更具国际竞争力的现代化产业体系。目前，广东省现已形成新一代电子信息、绿色石化、智能家电、先进材料、现代轻工纺织、软件与信息服务、现代农业与食品、汽车等 8 个万亿元级产业集群，正朝着世界级产业集群目标快步迈进。

一、产业集聚

　　产业集聚是产业发展过程中的一种地缘现象，是指同类企业或关联企业由于竞争与合作在某特定区域集中，导致产业要素在空间范围内不断汇聚从而形成产业集群。产业集聚最早由马歇尔（Marshall，1920）进行了较为系统的研究，他通过外部性理论论述了单一产业集聚将使得企业生产力成本下降，从而促进当地经济发展，随着研究的推进，亨德森（Henderson，2003）等一些学者指出，产业集聚并非只有正面影响，还可能带来负向的拥塞效应，现有学者普遍认为产业集聚会产生规模效应、溢出效应、协同效应等，从而促进区域经济增长。目前，对产业集聚度测量方法、测量指标主要常用的有赫芬达尔—赫希曼指数（HHI）、空间基尼系数（G）、空间集聚指数（EG）、区位熵（LQ）、行业集中度指数（CRn）、规范熵（e^{-E}）、多元聚类（MVC）等。考虑到港澳数据易得性，本书选择最常用的区位熵指标对粤港澳大湾区内第二产业和第三产业进行产业集中度测度。

二、研究方法

产业区位熵（location quotient，LQ）通过就业人口市场占有份额来衡量一个区域的特定产业重要程度，马蒂拉和汤普森（J M Mattila & W R Thompson，1960）首先提出此概念，计算公式如下：

$$LQ_{ij} = \frac{e_{ij} / \sum\limits_{j} e_{ij}}{\sum\limits_{i} E_{ij} / \sum\limits_{i} \sum\limits_{j} E_{ij}} \qquad (6-2)$$

其中，LQ_{ij} 代表 i 地区 j 产业的区位熵，e_{ij} 等于 i 地区的 j 产业的就业人数；$\sum\limits_{j} e_{ij}$ 代表 i 地区所有产业就业人数；$\sum\limits_{i} E_{ij}$ 代表参考地区 j 产业的总就业人数；$\sum\limits_{i} \sum\limits_{j} E_{ij}$ 代表参考地区的所有产业总就业人数。本书将粤港澳大湾区 11 个城市总体作为比较的参考地区。$LQ_{ij} > 1$ 时代表 i 地区的 j 产业为重要产业，在该区域中竞争力相对较强，具有比较优势；当 $LQ_{ij} < 1$ 时代表该产业在该区域中存在比较劣势，竞争力相对薄弱。

三、大湾区产业集聚特征分析

本书运用区位熵法对粤港澳大湾区内 11 个城市第二产业和第三产业进行产业集聚度的测度，数据采取 2016 ~ 2020 年的粤港澳大湾区 11 个城市的一二三产业就业数据。广东省九市的就业人口数据来自历年《广东省统计年鉴》，港澳就业人口数据来自历年《中国统计年鉴》，由于港澳数据没对一二三产业的就业人口数据进行分类统计，本书按照广东省对二三产业及行业的分类进行统一，第二产业包括工业和建筑业两大门类，第三产业是扣除第一产业和第二产业之外的数据进行核算，数据结果内容如表 6 - 7 和表

6-8 所示。大湾区 11 个城市第二、第三产业集聚雷达图如图 6-2 所示。

表 6-7   2016~2020 年大湾区第二产业集聚程度排名

城市	2016 年	2017 年	2018 年	2019 年	2020 年	5 年平均值	综合排名
东莞	1.524	1.545	1.642	1.657	1.646	1.603	1
中山	1.475	1.474	1.473	1.476	1.487	1.477	2
佛山	1.283	1.284	1.299	1.303	1.305	1.295	3
惠州	1.116	1.128	1.198	1.195	1.204	1.168	4
珠海	1.115	1.104	1.054	1.060	1.077	1.082	5
深圳	1.009	1.006	1.039	1.044	1.017	1.023	6
江门	0.878	0.898	0.806	0.836	0.862	0.856	7
广州	0.770	0.753	0.651	0.623	0.590	0.677	8
肇庆	0.576	0.583	0.528	0.560	0.599	0.569	9
香港	0.263	0.268	0.307	0.302	0.297	0.287	10
澳门	0.307	0.240	0.261	0.256	0.301	0.273	11

资料来源：笔者计算所得。

表 6-8   2016~2020 年大湾区第三产业集聚程度排名

城市	2016 年	2017 年	2018 年	2019 年	2020 年	5 年平均值	综合排名
澳门	1.822	1.857	1.624	1.620	1.529	1.690	1
香港	1.851	1.824	1.584	1.579	1.524	1.672	2
广州	1.228	1.240	1.257	1.273	1.254	1.250	3
深圳	1.159	1.153	1.085	1.082	1.060	1.108	4
珠海	0.940	0.953	1.012	1.006	0.967	0.976	5
佛山	0.794	0.799	0.841	0.838	0.806	0.816	6

续表

城市	2016 年	2017 年	2018 年	2019 年	2020 年	5 年平均值	综合排名
江门	0.595	0.586	0.749	0.714	0.948	0.718	7
惠州	0.692	0.692	0.712	0.719	0.747	0.712	8
中山	0.618	0.629	0.715	0.716	0.689	0.673	9
东莞	0.652	0.643	0.655	0.651	0.635	0.647	10
肇庆	0.547	0.542	0.637	0.605	0.898	0.646	11

资料来源：笔者计算所得。

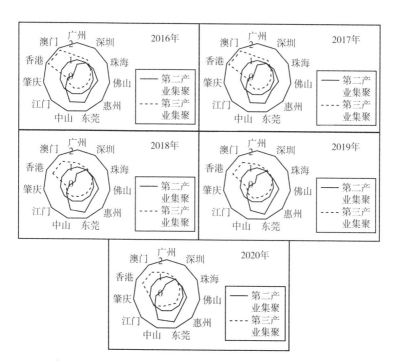

图 6 - 2　2016～2020 年大湾区 11 个城市第二、

第三产业集聚雷达图

总体来看，大湾区第二产业具有比较优势的城市是东莞、中山、佛山、惠州、珠海和深圳，表明这些城市的第二产业有明显的集聚现象，其中，东莞和中山的第二产业区位熵已超1.45，说明这些城市目前是大湾区第二产业特别是工业集聚中心。特别值得一提的是，东莞连续五年第二产业区位熵保持增长，集聚程度大大增加，中山第二产业区位熵始终保持在1.4左右，集聚程度保持相对稳定，结合第二产业主要包括工业和建筑业以及各城市的公开资料显示，可以看出东莞更多地依托工业增长而产生了产业集聚，而中山更多依托建筑业增长而形成了产业集聚。广州的第二产业区位熵逐年下降，目前在0.6左右，第二产业优势低于珠三角平均水平，但是其第三产业的区位熵（除了香港、澳门外）是珠三角城市中最高的，说明广州近年来开展的产业转型升级，已逐渐向第三产业结构为主的升级过渡，走向了后工业化时代。深圳第二产业和第三产业的区位熵都大于1，是大湾区所有城市中产业集聚保持双向大于1的城市，虽然第三产业呈现下降趋势，但是第二产业处于上升态势，说明深圳在积极走向再工业化道路，回归工业立市和制造强市战略。香港和澳门第二产业区位熵低于0.3，但是第三产业区位熵超过1.6，说明港澳工业发展滞后，服务业优势远高于其他城市水平，这也一定程度上凸显适度"再工业化"对港澳产业发展的重要性。另外，从雷达图也可以看出，第二产业一直围绕东莞、中山等城市集聚，五年来未发生实质变化。第三产业主要集聚在香港和澳门，到 2018 年后，广州和深圳的第三产业也出现明显集聚，其他周边城市的集聚程度一直较低，第三产业出现多中心的扩散模式。

第三节　大湾区市场一体化量化研究

党的二十大报告指出："高质量发展是全面建设社会主义现代化国家的首要任务。"建设全国统一大市场是目前推动经济高质量发展的重要抓手，也是构建新发展格局的基础支撑。在高质量建设全国统一大市场进程中，粤港澳大湾区起着重要的支撑、引领、示范作用。邱佛梅（深圳市社会科学院副研究员、博士）2023 年 7 月在《深圳特区报》发表文章指出，当前粤港澳大湾区市场一体化建设重在规则相互衔接，然而阻碍粤港澳市场一体化最大的堵点是规则差异和体制机制壁垒，从而客观上对货物、人员、服务、资本等要素在湾区内跨境便捷流动造成不便，因此，实现粤港澳市场一体化关键在于加强规则衔接、机制对接以推动内部规则统一。

一、市场一体化

瓦杰达（Vajda，1971）和马克卢普（Machlup，1978）最早提出了不同国家间的市场一体化定义，之后许多学者在此基础上提出了相关概念内容，特别是明确了相应的外界条件内容，其中，国务院发展研究中心课题组（2005）提出，区域市场一体化是指在完整的区域内，多个地方市场行为需要满足供求关系调节需求，其根本上也是"经济边界"逐步消失的变动趋势。目前学界研究大多集中于从全国的角度来研究我国的市场一体化水平，少部分学者研究了珠三角地区的市场一体化程度，并且国内外学者对市场一体化进行过相关研究后出现了截然相反的意见，有的认为市场一体化程度并没有促进区域经济增长，也并没有随着经济的发展而提升，有的认为我国市场正逐步走向整合，市场一体化程度较高且正不断加深等。目前学术界关于区域市场一体化的测度方法主要有价格法、生产法、贸易法、经济周期法、调查问卷法五种。张应武（2012）指出，价格作为市场资源配置的有效杠杆和信号，相较于其他方法，价格法能够更为直接、更为全面地反映出市场的一体化程度。因此，本书选取基于一价定律的相对价格法测度 2016～2020 年粤港澳大湾区市场的一体化程度，观察其市场一体化水平及趋势特征。

二、研究方法

市场一体化的测度是通过比较两地价格的相对变化程度，不同地区产品价格在某个特定区域内波动，便被认为存在一体化倾向，即在不同地区中的市场整合程度是较高的。本书依据桂琦寒等（2006）所构造的相对价格自然对数一阶差分进行计算，具体公式如下。

第一步：假设第 t 期商品的价格在 i，j 两地的价格分别为 P_{it}^{k} 和 P_{jt}^{k}，k 表示商品的类别，商品的环比价格指数为 $\dfrac{P_{it}^{k}}{P_{it-1}^{k}}$ 和 $\dfrac{P_{jt}^{k}}{P_{jt-1}^{k}}$，则商品价格方差为：

$$\Delta Q_{ijt}^{k} = \ln\left(\frac{P_{it}^{k}}{P_{jt}^{k}}\right) - \ln\left(\frac{P_{it-1}^{k}}{P_{jt-1}^{k}}\right) = \ln\left(\frac{P_{it}^{k}}{P_{it-1}^{k}}\right) - \ln\left(\frac{P_{jt}^{k}}{P_{jt-1}^{k}}\right)$$

$$(6-3)$$

第二步：考虑到商品异质性和两大区域中在匹配顺序层面上出现差异将会导致不可加效应，通过去均值的方法对相对价格进行绝对值处理：

$$Q_{ijt}^{k} = \left| \Delta Q_{ijt}^{k} \right| - \overline{\left| \Delta Q_{t}^{k} \right|} \tag{6-4}$$

第三步：计算市场分割指数，值越大表示市场的一体化程度越低，反之则相反：

$$\text{var}(Q_{it}) = \left(\sum_{i \neq j} \text{var}(Q_{ijt}) \right) / N \qquad (6-5)$$

第四步：采取盛斌等（2011）的正向化处理方法，市场一体化指数为：

$$\text{integ}(it) = \sqrt{\frac{1}{\text{var}(Q_{it})}} \qquad (6-6)$$

三、大湾区市场一体化特征分析

本书运用相对价格法对粤港澳大湾区内 11 个城市的市场一体化程度进行测量，数据采取 2016～2020 年的粤港澳大湾区 11 个城市的居民消费价格环比指数数据。其中，广东省九市的居民消费价格环比指数数据来自历年《广东省统计年鉴》，港澳居民消费价格指数数据来自《中国统计年鉴》，年鉴中只公布港澳居民消费价格的定基指数，本书用当年价格指数除以上一年的指数换算成居民消费价格的环比指数。为了确保数据的完整性与可比性，基于陈怡等（2023）的选择依据，本书选取了 8 大类消费品（见表 6-9）的环比价格指数对 11 个城市的市场一体化程度进行测算。

表 6 - 9　　2016～2020 年大湾区三地商品价格指数的分类

类别对应表

珠三角	香港	澳门
食品	食品	食品及非酒精饮料
烟酒	烟酒	烟酒类
衣着	衣履	服装、鞋
生活用品及服务	耐用物品和杂项物品	家庭设备及用品
医疗保健	医疗服务	医疗类
交通与通信	交通和资讯及通信服务	交通类和通信类
教育文化和娱乐	教育服务	康乐及文化和教育
居住	住房以及电、燃气和水	住房及燃料类

基于表 6 - 9 内容，共计搜集了 2016～2020 年粤港澳大湾区 11 个城市 8 大类商品的价格指数，作为原始参考指标进行汇总，运用相对价格法算出每个城市每年的市场一体化指数，数据结果如表 6 - 10 所示，五年平均值如图 6 - 3 所示。大湾区商品市场一体化平均指数时间变化趋势如图 6 - 4 所示。

表 6 - 10　　2016～2020 年大湾区 11 个城市商品市场

一体化指数

城市	2016 年	2017 年	2018 年	2019 年	2020 年	5 年平均值	综合排名
广州	41.24	79.25	87.36	90.81	61.85	72.10	1
深圳	47.59	86.50	83.72	79.75	52.13	69.94	2
江门	50.42	59.06	81.25	77.04	61.74	65.90	3
惠州	44.54	73.00	82.55	73.17	56.23	65.90	4

续表

城市	2016 年	2017 年	2018 年	2019 年	2020 年	5 年平均值	综合排名
佛山	45.66	69.05	86.70	67.06	60.19	65.73	5
中山	41.37	89.57	63.87	69.11	51.97	63.18	6
东莞	39.84	66.75	83.16	69.46	42.68	60.38	7
肇庆	44.82	68.30	69.97	58.04	55.41	59.31	8
珠海	38.91	73.82	76.75	51.90	54.72	59.22	9
香港	38.66	62.77	68.95	65.79	31.23	53.48	10
澳门	19.79	74.30	61.80	60.32	40.24	51.29	11

资料来源：笔者计算所得。

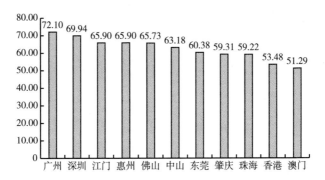

图 6-3　大湾区 11 个城市商品市场一体化指数五年平均值

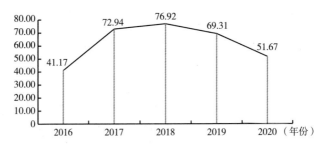

图 6-4　大湾区商品市场一体化平均指数时间变化趋势

从上述内容可以看出，粤港澳大湾区商品市场一体化指数呈现出先上升后下降的特征，主要原因可能在于新冠疫情对大湾区 11 个城市的冲击影响，阻断了三地正常的商品贸易往来，需要后续继续研究验证。但是从疫情发生前来看，大湾区的市场一体化程度总体呈上升趋势，除广州、香港和澳门外，其他城市之间的一体化差异逐渐缩小，市场逐步趋于整合。另外，从 11 个城市单独来看，广州商品市场一体化程度较高，香港、澳门的商品市场一体化指数较低，与其他 9 市之间的同期差异相对较大，这可能由于不同的体制机制障碍等，使得粤港澳三地无论是在行政、执政，还是在市场要素自由流动方面都与珠三角城市群存在差异，从而阻碍了市场一体化的进一步深化。另外，剔除新冠疫情影响因素，本书选取 2019 年为期末水平，测算出大湾区 11 个城市 4 年来所呈现出的一体化程度提升速度，对应的排序如下：澳门（32.13%）、广州（21.82%）、东莞（14.91%）、香港（14.22%）、深圳（13.78%）、中山（13.69%）、惠州（13.21%）、江门（11.19%）、佛山（10.09%）、珠海（7.47%）、肇庆（6.68%），可见，不同城市的商品市场一体化增长速度差异较大，珠海和肇庆甚至未超过 10%，且这两个城市的商品市场一体化程度一直处于较低水平，而其他珠三角城市间市场一体化水平在同一阶段当中呈现出的差异性水平较低，总的来说各城市市场一体化程度都出现较好的提升，特别是疫情前港澳与珠三角形成的一体化融合程度比较明显。

第四节 府际竞合对大湾区区域协调
发展水平的影响分析

本节首先利用熵权—TOPSIS 模型对府际竞合测量指标体系进行复合，其次通过构建空间面板模型分析府际竞合对大湾区区域协调发展水平的影响，计算分析过程如下所述。

一、研究方法

根据第二章的内容，府际竞合指标涉及科技投入、人力资源、社会文化和正式制度等四个测量指标，需要对分指标进行复合形成府际竞合指标。本书根据陈秋帆等（2023）的熵权—TOPSIS 模型进行数据统计分析，详细计算公式如下。

第一步：对原始矩阵中的数值单位进行无量纲处理，得到标准矩阵 B。

$$x_{ij} = \frac{k_{ij} - \min(k_{ij})}{\max(k_{ij}) - \min(k_{ij})}（适用于正向指标）\quad （6-7）$$

$$x_{ij} = \frac{\max(k_{ij}) - k_{ij}}{\max(k_{ij}) - \min(k_{ij})}（适用于正向指标） \quad （6-8）$$

$$B = \begin{bmatrix} x_{11} & \cdots & x_{1n} \\ \cdots & \cdots & \cdots \\ \cdots & \cdots & \cdots \\ x_{m1} & \cdots & x_{mn} \end{bmatrix} \quad （6-9）$$

其中：i 为评价指标（$i = 1,2,3,\cdots,m$）；j 为不同城市（$j = 1,2,3,\cdots,n$）；k_{ij} 为评价指标体系初始值；$\max(k_{ij})$ 为指标 k_{ij} 的最大值；$\min(k_{ij})$ 为指标 k_{ij} 的最小值；x_{ij} 为标准化后的值。

第二步：对矩阵 B 进行规范化计算，然后计算指标权重 ω_i。

$$f_{ij} = \frac{x_{ij}}{\sum\limits_{j=1}^{n} x_{ij}} \quad （6-10）$$

$$e_i = -\frac{1}{\ln n} \sum_{j=1}^{n} f_{ij} \times \ln f_{ij} \quad （6-11）$$

若 $f_{ij} = 0$，则 $\lim_{f_{ij} \to 0} f_{ij} \times \ln f_{ij} = 0$。

$$\omega_i = \frac{1 - e_i}{m - \sum\limits_{i=0}^{m} e_i} \quad （6-12）$$

第三步：根据指标权重 ω_i，创建规范化分析矩阵 C。

$$C = |y_{ij}|_{m \times n} = |\omega_i \times x_{ij}|_{m \times n} \qquad (6-13)$$

第四步：确定正负理想值，正理想解 Z^+ 和负理想解 Z^- 是第 i 个指标在第 j 个城市中的最大值和最小值。

$$Z^+ = \max\{y_{ij}\}, Z^- = \min\{y_{ij}\} \qquad (6-14)$$

第五步：计算各目标值与理想点之间的欧式距离 D^+ 和 D^-。

$$D^+ = \sqrt{\sum_{i=1}^{m} (Z_i^+ - y_{ij})^2}, D^+ = \sqrt{\sum_{i=1}^{m} (Z_i^- - y_{ij})^2}$$
$$(6-15)$$

第六步：计算每个目标与理想点之间的相对接近度 C。

$$C_j = \frac{D_j^-}{D_j^+ + D_j^-} \qquad (6-16)$$

二、大湾区府际竞合特征分析

本书收集了 2016～2020 年各城市相关数据，数据来自历年《中国统计年鉴》《广东省统计年鉴》《中国城市统计年鉴》《香港统计年刊》以及《澳门统计年鉴》，部分缺失值通过插值法补全，港澳数据均根据历年《中国统计年鉴》统计的该年平均汇率转换成人民币作为统一单位。数据统计采用 Excel2010 软件，熵权—TOPSIS 模型采用 SPSS25.0 软件完成，数据分析结果如表 6 – 11 所示。

表 6 – 11　2016～2020 年粤港澳大湾区各城市府际竞合指标得分

城市	2016 年	2017 年	2018 年	2019 年	2020 年	5 年均值	综合排名
深圳	0.628	0.675	0.730	0.762	0.768	0.713	1
广州	0.444	0.492	0.532	0.647	0.675	0.558	2
香港	0.292	0.303	0.310	0.309	0.301	0.303	3
佛山	0.144	0.171	0.236	0.290	0.243	0.217	4
澳门	0.196	0.197	0.200	0.212	0.273	0.215	5
东莞	0.197	0.205	0.214	0.209	0.224	0.210	6
珠海	0.193	0.207	0.195	0.202	0.205	0.200	7
中山	0.146	0.194	0.178	0.173	0.154	0.169	8
惠州	0.098	0.105	0.108	0.110	0.116	0.108	9
江门	0.086	0.103	0.098	0.115	0.112	0.103	10
肇庆	0.082	0.068	0.077	0.100	0.084	0.082	11

资料来源：笔者计算所得。

　　上述结果表明，粤港澳大湾区各城市的府际竞合水平几乎都是处于上升态势，说明各城市间的竞争合作互动更加紧密，各城市依托自身优势，围绕科技创新、高水平人才引培、营商环境优化等方面进行体制机制改革，从而提升城市的综合实力和城市吸引力竞争力。其中，深圳的府际竞合水平历年最高，说明深圳除了与其他城市加强经济联系外，其他城市也积极与深圳开展全方位的竞争合作，同时，深圳自身也积极加强各领域的财政资金投入，从而促进了"软资源"转化为"软实力"。佛山、澳门、东莞和珠海的府际竞合水平保持稳中有升态势，但是提升幅度不大，说明这些城市要么与其他城市的竞合互动行为不多，要么城市内部"软资源"利用转化不高，或者更多关注城市自身内部发展。肇庆排名最后，几乎没有增长，说明该城市与其他城市的竞合互动行为很少，要么是自身资源不足以致无法对接其他城市，要么是城市内部相对封闭，且财政资金在"软资源"投入方面明显不足等原因导致。

三、府际竞合对大湾区区域协调发展水平的影响

把前面计算得到的粤港澳大湾区各城市经济联系总量、产业集聚程度和市场一体化指数作为被解释变量，把府际竞合指标作为解释变量，构建 2016～2020 年连续五年的面板数据，控制变量选取粤港澳大湾区各城市的人均 GDP（亿元）、进出口总额（亿元）、地方财政支出（亿元）和人口密度（万人/平方千米），采用高维固定效应模型研究粤港澳大湾区府际竞合对经济联系、产业集聚、市场一体化的影响，为了解决城市个体异质性和时间异质性以及遗漏重要变量的问题，进行了时间维度和城市维度的双重固定效应，数据分析和回归结果如表 6－12 和表 6－13 所示。

表 6-12　　　　　　　　　　描述性分析

变量	N	Mean	SD	Min	Max
府际竞合指标得分	55	0.262	0.194	0.0680	0.768
经济联系量	55	8345	7879	338.3	24169
第二产业集聚指数	55	0.937	0.434	0.240	1.657
第三产业指数	55	0.992	0.388	0.542	1.857
市场一体化指数	55	62.40	16.55	19.79	90.81
人均 GDP	55	150278	129823	45151	566181
进出口贸易额	55	10233	20142	222.3	74901
地方财政支出	55	1523	1747	248.2	7647
人口密度	55	4523	5745	269.8	21410

资料来源：笔者计算所得。

表 6-13　　　　　　　　　　回归结果

变量	经济联系	产业集聚		市场一体化
		第二产业集聚	第三产业集聚	
府际竞合 指标得分	23744.412 *** (3772.436)	-0.535 * (0.293)	-0.466 (0.425)	63.679 ** (22.534)
人均 GDP	0.007 *** (0.001)	-0.000 *** (0.000)	0.000 *** (0.000)	0.000 (0.000)
进出口总额	0.281 *** (0.066)	0.000 (0.000)	-0.000 *** (0.000)	0.000 (0.000)
地方财政支出	0.754 *** (0.153)	-0.000 (0.000)	-0.000 (0.000)	-0.003 (0.002)
人口密度	1.050 (0.639)	0.000 (0.000)	0.000 (0.000)	-0.005 (0.004)

变量	经济联系	产业集聚		市场一体化
		第二产业集聚	第三产业集聚	
_cons	−7760.341 ** (2814.860)	0.913 *** (0.082)	1.015 (0.635)	69.688 *** (15.295)
城市固定效应	Yes	Yes	Yes	Yes
时间固定效应	Yes	Yes	Yes	Yes
n	55	55	55	55
r2	0.997	0.996	0.972	0.851

注：括号内为对应系数的 t 统计量，*** 、** 、* 分别代表 1%、5%、10% 的显著性水平。

分析结果表明，通过熵权—TOPSIS 法测算的粤港澳大湾区府际竞合指标对大湾区内城市间的经济联系有显著的正向影响，即粤港澳大湾区府际竞合指标得分每提高一分，大湾区内城市间的经济联系量提高 23744.412 亿元·万人/平方公里，这说明，只要大湾区城市间加强竞合互动，加强"软资源"投入，则其对其他城市的经济引力就会更大，城市间更愿意进一步加强各方面联系，更能促进城市间的资源要素快速流动，从而提升城市综合实力和城市竞争力。另外，人均 GDP 越高，说明城市越发达，则城市吸引力越大，将有更多城市愿意与其加强经济联系，这也印证了广州始终是大湾区各城市争相与其加强经济联系最多的城市。此外，进出口总额和地方财政支出对粤港澳大湾区内城市间的经济联系也有相当的正向作用。

府际竞合指标对产业集聚的影响存在差异，具体来说府际竞合指标得分对第二产业集聚程度产生一定的负向作用，原因可能在于地方政府促进第二产业发展过程中的竞争行为大于合作行为。根据前述理论分析可知，地方政府为抢夺上级政府资源和企业资源，缺乏区域合作意识，它们较少考虑对方的利益，更注重短期效益而忽视长远利益，为争夺各种有形资源和无形资源，形成地方保护主义，在产业招商引资竞争中不惜牺牲已有资源和当地企业，进入包括直接竞争和间接竞争、横向竞争和纵向竞争以及政府各部门之间的混乱竞争，导致珠三角第二产业有序转移过程中并未很好地在其他城市形成产业重新集聚，由于彼此之间的利益不一致，其中一方所得即是另一方所失，地方政府之间的行为表现为对抗性竞争，因此在自身利益目标驱动下，大湾区各城市表现为在某些方面选择合作，在某些方面则选择竞争，或者在经济发展的不同阶段适时地采取竞争或合作策略，从而阻碍了第二产业的有效集聚。但是，在大湾区各项利好政策的推动下，各地方政府都会加大"硬资源""软资源"的投入，这直接促进了第二、第三从业人员的集聚，间接促进了相关产业发展。例如，各个地方政府按照大湾区规划纲要行动方案，积极投入基础设施建设和营商环境建设中去，普遍加大了对基础设施的投资力度，大大改善了本地的投资营商环境，使地方公共产品的供给与服务有了明显提升；特别是一些公共产品和服务，包括基础教育、公共安全、法制建设、环境建设，现在都成为地方政府吸引人才、吸引企业所必需的手段，成为地方政府的自觉行为，这也就表现出府际竞合行为对城市产业发展的影响。鉴于第三产业涵盖内容广泛，所涉从业人员包括网约车司机、快递员、外卖配送员等新就业形态劳动者成为劳动队伍的重要组成部分，即使大湾区各城市加强府际合作，第三产业法人单位从业人员均出现不同程度上涨，也较难形成第三产业集聚态势。

府际竞合指标对大湾区各城市的市场一体化产生正向效应，具体而言，粤港澳大湾区府际竞合指标得分每提高0.1分，其市场一体化指数就会提高6.368。因此，粤港澳三地要全方位加强互联互通，同时鼓励城市间正向化竞争，防止各类要素和资源单向流向中心城市，需强化规划协同、政策协同、市场协同，打破区域政策壁垒和机制障碍，创新区域一体化体制机制，增强大湾区城市协调发展能力，实现各类创新要素自由流通，但是需防止资源分配不均和过度集聚，重点要以城市功能对接为核心，突破原有行政区划限制，在交通、产业、民生、科研等领域加强交流合作，充分发挥大湾区极点带动作用，以高水平建设横琴、前海、南沙等重大平台为主线，深化穗港澳紧密合作，加强战略性产业和现代服务业合作，共建广深港澳科技创新走廊，共推市场一体化。

第五节　提升大湾区区域协调发展水平的
对策建议

本节在综合前文府际竞合特征分析、区域协调发展的理论分析、粤港澳大湾区区域协调发展的新特征大趋势分析基础上，再结合上述对粤港澳大湾区内部经济联系分析、产业集聚分析和市场一体化分析的内容，最终提出提升粤港澳大湾区区域协调发展水平的对策建议。

一、促进大湾区政府间良性竞争和合作共赢，提升府际竞合水平

当前粤港澳大湾区建设已进入"全面实施，加快推进"的新阶段，大湾区每个城市都有自己的优势和短板弱项，《粤港澳大湾区发展规划纲要》特别对中心城市进行了重要定位，因此为促进粤港澳三地城市间形成优势互补和良性竞争的格局，本书提出以下建议。

一是鼓励大湾区城市之间开展良性竞争。各地政府为了各自利益，都希望通过各种手段吸引、留住、扶持优质企业留在本地发展，从而增加本地财政收入，扩大城市竞争力，

因此必会产生企业争夺、人才争夺、上级政府提供的资源争夺等竞争性事项，企业和人才也一定会根据当地城市的经营环境、企业负担、政府效率等多种因素进行选择，这必然迫使当地政府走向竞争博弈，进而导致重复建设、产业同构、资源浪费和过度集中，一般来讲，中心城市本来具备相对和绝对优势，迫使边缘城市通过"非正当手段"去获取资源，甚至以行政手段干预资源和要素的流动，从而干扰市场机制的正常运行。因此三地政府需要加强顶层设计，合理布局，可设立专门管理机构，实行区域间协调管理，以免边缘城市被"过度边缘"。例如，广东省正在培育的战略性支柱产业集群和战略性新兴产业集群，除了各城市已有的基础外，可考虑为边缘城市提供有相当力度的倾斜政策，从而引导某一产业在当地城市布局，从而为边缘城市提供实现"弯道超车"的未来发展可能性，这样可有效避免城市间为争夺产业布局而可能产生的恶性竞争。

二是加强粤港澳三地政府的分工合作。除了引导和指导地方政府开展良性竞争外，更加需要三地政府之间加强合作。当前，大湾区合作建设围绕民生领域、软硬环境对接、科创金融互促、重大合作平台建设、人员要素流动等方面出台了系列化支持性政策，取得了良好成效，未来仍需继续突破相关体制机制障碍，形成全面合作态势，让合作层次走向深入。特别要重点推进横琴、前海、南沙三大平台实现制度性合作，推进三个平台重大政策、重大改革、重大任务落地落实。例如，在科技合作领域，要进一步促进港澳人员、资金、信息等创新要素更加高效、便捷流动，减少各类重要科研设备和资源跨境使用限制，不断提高开放创新、协同创新和原始创新的能力，实现三地科技部门与有影响力的"独角兽"创新企业互联互通，打通科技成果转化的"最后一公里"。

二、提升大湾区区域协调发展水平，探索打造"自由合作区"

《粤港澳大湾区发展规划纲要》中明确提出，实施区域协调发展战略，充分发挥各地区比较优势，加强政策协调和规划衔接，优化区域功能布局，推动区域城乡协调发展，不断增强发展的整体性。当前，广东省正纵深推进新阶段粤港澳大湾区建设，充分发挥其对全省改革开放的示范带动效应，携手港澳建设世界级的大湾区。因此为了在新阶段进一步提升大湾区区域协调发展水平，本书提出以下建议。

一是积极打造"共享创新"新模式，保障城市间实现合作共赢。规划纲要明确大湾区建设的战略定位就是充满活力的世界级城市群、具有全球影响力的国际科技创新中心、"一带一路"建设的重要支撑、内地与港澳深度合作示范区和宜居宜业宜游的优质生活圈。本书认为其战略定位包含实现"共享创新"，既包括与世界其他地区实现资源对接和共享，也包括内地与港澳实现协调协同发展和创新合作。以建设国际科技创新中心为例，规划纲要明确提出，扎实推进全面创新改革试验，充分发挥粤港澳科技研发与产业创新优势，破除影响创新要素自由流动的瓶颈和制约，进一步激发各类创新主体活力，建成全球科技创新高地和新兴产业重要策源地。围绕这个目标，大湾区不断强化各城市间的创新要素流动、创新主体合作和创新成果共享，不断推进城市间的产业和企业创新一体化，未来在科创领域打造"共享创新"新模式方面，一方面，在中心城市合作共赢之间，要充分挖掘广州、深圳、香港、澳门的潜力，进一步简政放权，由中心城市根据合作共享需求，突破现有的中央和省级规定的行政壁垒，实行备案制自由构建自选动作清单目录，在合作范围内要求的实现"成熟一项，落地一项"，从而逐步实现"环湾科创带"，打造"共享创新"示范区；另一方面，在非中心城市与中心城市合作共享方面，要增强发展的协调性，制定倾斜政策鼓励和强化与中心城市的互动合作，只要双方城市实现了协同创新共同体的相关载体或平台，广东省政府就可对非中心城市纳入"容错机制"管理，提供有利于人才、资本、信息、技术等创新要素跨境流动和区域融通的政策举措，快速营造"共享创新"环境。

二是加快推进同城化建设，探索打造"自由合作区"。在国家的政策支持和宽松的制度环境下，粤港澳三地积极推进基础设施互联互通、制度对接以及规则衔接，有力地推动了粤港澳大湾区同城化建设，为进一步加快同城化趋势，一方面，深入推动广佛全域同城。过去十多年发展中，两市之间基本形成了全方位、多层次的合作格局，在经济、社会、政务和生态等方面都取得良好的成效。两市要站在大湾区建设的角度，根据《广佛全域同城化"十四五"发展规划》的核心内容，在基础设施网络、产业联动发展、公共服务普惠均等等内容上深入突破现有制度障碍，提升广佛极点发展能级，特别需要防范广州的虹吸效应和广州动力不足问题，由于两地高精尖产业都不强，都面临着产业升级的痛点，由此形成广佛产业竞争大于互补，这更需要提升佛山的吸引力和承载力，从而实现"融圈共建"。另一方面，深入推动深港、珠澳协同融合发展。深港、珠澳合作是大湾区协同发展的重要动力源，随着大湾区建设的纵深推进，两两合作持续向更宽领域、更深层次、更高水平迈进，深港、珠澳重点领域同城化趋势明显，为进一步深化深港、珠澳同城化发展，可在前海深港现代服务业合作区、横琴粤澳深度合作区等先行合作领域外，探索设立"深港特别合作区""珠澳特别合作区"，区域内所有商事主体一视同仁，GDP 和税收两地协商分成，由大湾区领导小组领导，携手港澳共建大平台、推进大项目、协同大交通、布局大产业、促进大融合，实现区中有区的"自由合作区"，形成共商、共建、共管、共享

"一国两制"实践的新体制。

三、加强大湾区城市间经济社会联系，提升城市间超强协作能力

近年来，大湾区的交通基础设施日益改善，区内城市间的直达路线，尤其是来往于非核心城市的直达路线变得更多，高速铁路网的扩张大幅缩短了城际交通时间，特别是在制度规则和标准对接、人文交往和民心相通等软硬件方面做了大量卓有成效的工作，大湾区"1小时生活圈"基本实现，大湾区城市间的经济联系日益紧密。为进一步加强城市间经济社会联系，本书提出以下建议。

一是提速实现基础设施互联互通，织密轨道上的大湾区网络。要构建大湾区主要城市间1小时通达、主要城市至广东省内地级城市2小时通达、主要城市至相邻省会城市3小时通达的交通圈，打造"轨道上的大湾区"。当前中心城市之间的交通网络建设相对完善，通勤效率和频率比较高，但是中心城市和非中心城市的交通网络仍须提速建设和加强各类交通工具来往频次，要让轨道交通全面覆盖大湾区中心城市和非中心城市，要大力推广复制广深港高铁实现的跨城扫码乘车、互联互认模式，打通压缩非中心城市与中心城市的换乘时间，大力推动干线铁路与城际铁路、市郊铁

路、城市轨道交通互联互通，特别是推行城际铁路公交化运营，让非中心城市无缝对接，可推广"一票式"联程和"一卡通"服务等，实现手机刷卡、人脸验证的一次付款乘坐模式。

二是持续拓宽深化规则机制"软联通"，实现"湾区通"标准工程。2023 年，粤港澳三地共同公布 110 项"湾区标准"，其中加快基础设施互联互通类 14 项，构建具有国际竞争力的现代化产业体系类 16 项，建设宜居宜业宜游的优质生活圈类 80 项，这大大增加了大湾区居民优质工作生活圈的便捷程度。未来为实现信息、资金、数据等要素流动完全无障碍，打造"心联通"工程，大湾区建设要重点聚焦在粤港澳三地民众共同关心的医疗保障、子女教育、就业创业、人员货物通关、高水平人才自由流动等民生融合方面出台"湾区通"政策，例如，如何简化港澳子女内地转学入学问题、港澳青年内地就业创业问题、执业资格认证问题、"跨境理财通"问题、医保衔接问题等涉及规则衔接机制问题，以此赋能宜居宜业宜游生活圈建设。

四、加强第二、第三产业集聚，实现产城人高度融合

2023 年，广东省召开全省高质量发展大会，强调大力

推进20个战略性产业集群建设，强化城产、产城融合，建设一批引领型产业集聚区、支撑型产业园区和"万亩千亿"大平台，为进一步促进产业集聚，本书提出以下建议。

一是引导中心城市联动发展布局制造业创新中心。充分发挥政府政策指挥棒的作用，出台协调性创新性政策，运用财政、税收、价格政策等杠杆引导和激发大院大所、公共服务平台、企业创新主体积极性，在横琴、前海、南沙三大重大合作平台上，围绕战略性产业集群，充分发挥港澳创新资源、科技金融资源、高端人才资源等优势，畅通创新要素跨境流动，加快制造业创新成果产业化，打造创新资源高度集聚的先进制造业集群。一方面，在中心城市成立"专门产学研机构"或政府独立职能部门，出台相关法律法规，然后在此产学研机构领导下，可成立大学科技转让机构、产业技术研究中心、知识产权综合中心等类似机构，从而促进科技成果转化闭环运作。另一方面，围绕广深港澳科技创新走廊，打造集研发、中试、制造、仓储和办公等多功能于一体的"工业上楼"全链条产业创新链，重点引进战略性产业集群所缺失环节和薄弱环节的研发总部、区域总部、运营结算中心、设计中心等总部型项目，从而推动现代服务业与先进制造业深度融合发展。

二是引导非中心城市大力建设大型产业集聚区。非中心城市要摒弃同质化竞争，特别是要结合自身承接空间和资源禀赋优势，并考虑中心城市外溢的优势产业结构，以大型产业集聚区为核心载体，深度参与大湾区区域分工合作，要推动政策集成、要素集中、功能集合、产业集聚，推动延链补链，扩大产业链招商，形成主导产业突出、关联企业集聚、规模效应彰显的产业集群。完善生产生活配套服务，塑造特色鲜明的产业集聚区，打造承接产业有序转移主平台。在壮大产业集群的同时，要坚持"职住平衡""产城融合"理念，加快保障性住房、产业工人宿舍和人才公寓、医院、学校、休闲娱乐等生活服务设施建设，为产业工人提供便捷的生活服务配套，加快集聚各类科技人才。

五、提升大湾区市场一体化水平，构建高标准市场制度规则体系

2022年以来，大湾区市场一体化水平明显提升，国家发改委2022年公开指出，大湾区基础设施互联互通提速提质，大湾区世界级机场群布局进一步完善，"轨道上的大湾区"加快形成，粤港澳职业资格认可范围不断拓展，"湾区通"工程深入推进，"跨境理财通"等试点运行良好。为进一步提升大湾区市场一体化水平，营造国际一流营商环境，本书提出以下建议。

一是加快体制机制创新，不断提升大湾区资源配置水平

和能力。香港、澳门具有全面对接国际高标准市场规则体系的独特优势，要充分发挥粤港澳综合优势，消除阻碍商品和要素流通的障碍，打通三地投资贸易、资质标准、市场准入等方面的堵点，探索建立三地政府和部门分层分类常态化对接机制，促进大湾区城市建设经验交流互鉴，增进互信、深化协作，制定大湾区版"负面清单"制度，推进大湾区市场监管机制对接，达到全面深度推动粤港澳三地的投资便利化、贸易自由化、人员货物往来便利化，增强各城市优势互补分工合作。

二是提高地方政府治理能力现代化水平，以正式制度代替"人为制度"。各城市公职人员需牢固树立运用法治思维和法治方法解决复杂问题的能力水平，提高治理能力、增强治理效能、转变治理理念，把有为政府同高效市场更好地结合起来，以法治建设不断优化营商环境。探索建立健全大湾区跨区域协调制度机制，加大协同治理力度，通过联席会议、签订共同行动框架协议等形式协调行动、权责、利益，从而提升各项政策执行效能，统筹发挥市场、政府、社会等各方作用，以法治推动社会治理现代化，促进社会治理共建共治共享。

参 考 文 献

［1］埃比尼泽·霍华德. 明日的田园城市［M］. 北京：商务印书馆，2009.

［2］埃利尔·沙里宁. 城市：它的发展、衰败与未来［M］. 北京：中国建筑工业出版社，1986.

［3］安树伟，刘晓蓉. 区域政策手段比较及我国区域政策手段完善方向［J］. 江淮论坛，2010（3）：6.

［4］奥利弗·哈特. 企业、合同与财务结构［M］. 费方域，译. 上海：上海三联书店，2006.

［5］板仓胜高，陈忠暖. 日本工业地域的城市生成力与类型［J］. 华南师范大学学报：自然科学版，2003（3）：10.

［6］毕学成，谷人旭，苏勤. 制造业区域产业专业化、竞合关系与分工——基于江苏省市域面板数据的计量分析［J］. 长江流域资源与环境，2018，27（10）：13.

［7］陈景辉，赵淑惠. 集群内企业竞合效应分析［J］.

大连海事大学学报：社会科学版，2010，9（1）：4.

［8］陈俊星．地方政府公众满意度测评的困境与出路［J］．东南学术，2011（4）：8.

［9］陈美玲．城市群相关概念的研究探讨［J］．城市发展研究，2011，18（3）：4.

［10］陈朋．重大突发事件治理中的横向府际合作：现实景象与优化路径［J］．中国社会科学院研究生院学报，2020（4）：109－116.

［11］陈秋帆，卢琦，王妍．基于熵权法TOPSIS模型综合评价石漠化区4种苔藓植物的生态修复效益［J］．水土保持研究，2023，30（3）：9.

［12］陈瑞莲，张紧跟．试论我国区域行政研究［J］．广州大学学报（社会科学版），2002（4）：1－11.

［13］陈文理，喻凯，何玮．府际治理：构建粤港澳大湾区网络型府际关系研究［J］．岭南学刊，2018.

［14］陈晓剑，唐兴和．次区域经济合作国内纵向府际关系构建分析——以丝绸之路经济带为例［J］．兰州大学学报：社会科学版，2015，43（5）：6.

［15］陈修颖，汤放华．城乡一体化背景下地方府际关系重构与政府职能转型［J］．经济地理，2014，34（12）：8.

［16］陈秀山，张若．异质型人力资本在区域经济差距

中的贡献研究 [J]. 经济学动态，2006（3）：6.

[17] 陈怡，陈颖洁，叶嘉欣，等. 粤港澳大湾区市场一体化发展状况及策略研究 [J]. 现代商贸工业，2023，44（7）：1-4.

[18] 陈振明. 公共管理原理 [M]. 北京：中国人民大学出版社，2005.

[19] 崔大树，张国平. 我国现阶段统筹区域发展的结构和模式 [J]. 财经论丛，2004（6）：5.

[20] 崔广亮. 中国城镇化与城市群发展及其经济影响研究 [D]. 大连：东北财经大学，2019.

[21] 崔宏铁. 府际竞争中地方政府行为失范探因 [J]. 重庆行政：公共论坛，2006（3）：2.

[22] 党文利，张莲莲，欧向军. 江苏省区域经济协调发展研究 [J]. 中国发展，2017，17（1）：9.

[23] 丁煌，孙文. 从行政监管到社会共治：食品安全监管的体制突破——基于网络分析的视角 [J]. 江苏行政学院学报，2014（1）：7.

[24] 杜文俊，陈超. 机制设计理论视域下"行刑衔接"机制的重构与完善 [J]. 国外社会科学前沿，2020（11）：11.

[25] 段雨澜. 地区间税负差异与地区经济的非均衡发展 [J]. 财经论丛，2003.

[26] 范柏乃，张莹. 区域协调发展的理念认知、驱动机制与政策设计：文献综述 [J]. 兰州学刊，2021，000 (4)：115－126.

[27] 方创琳. 京津冀城市群一体化发展的战略选择 [J]. 改革，2017 (5)：10.

[28] 方创琳. 科学选择与分级培育适应新常态发展的中国城市群 [J]. 中国科学院院刊，2015.

[29] 峰华，魏晓，王富喜. 山东半岛城市群物流业核心竞争力可持续发展形成机制 [J]. 经济地理，2007，27 (4)：4.

[30] 冯兴元. 地方政府竞争 [M]. 南京：译林出版社，2010.

[31] 傅允生. 产业转移、劳动力回流与区域经济协调发展 [J]. 学术月刊，2013 (3)：7.

[32] 富田和晓，藤井正，王雷. 新版图说大都市圈 [M]. 北京：中国建筑工业出版社，2015.

[33] 高晗. 竞合关系类型对企业创新绩效的影响研究 [D]. 长沙：湖南大学，2020.

[34] 高进，刘聪，李学教. 县级行政区划调整与府际竞争——基于撤县设市与撤县（市）设区的比较 [J]. 浙江社会科学，2022 (10)：37－44.

[35] 高汝熹，阮红. 论中国的圈域经济 [J]. 科技导

报，1990（4）：8－12.

［36］高云虹，李敬轩. 区域协调发展的作用机制和传导路径——基于产业转移的视角［J］. 兰州财经大学学报，2016，000（4）：12－18.

［37］高志刚. 新疆区域经济协调发展若干问题探讨［J］. 经济师，2003（2）：2.

［38］谷人旭. 日本都市经济圈产业联动发展及其启示［J］. 城市研究，2000（2）：4.

［39］顾朝林，张勤. 经济全球化与中国城市发展对策［J］. 产经评论，1999（9）：12－15.

［40］顾朝林. 中国城镇体系——历史·现状·展望［M］. 北京：商务印书馆，1992.

［41］桂琦寒，陈敏，陆铭，等. 中国国内商品市场趋于分割还是整合：基于相对价格法的分析［J］. 世界经济，2006，29（2）：11.

［42］郭鸿雁. 基于系统经济学的广电产业合作竞争研究［D］. 北京：中国传媒大学，2006.

［43］郭鸿雁. 基于系统经济学的合作竞争分析［J］. 上海经济研究，2008（7）：9.

［44］郭素芳. 天津区域经济协调发展模式及路径选择［J］. 现代城市研究，2010（10）：5.

［45］郭泽保. 府际关系视域下的地方政府竞争与合作

[J]. 福建行政学院学报，2008（5）：5.

[46] 郭兆晖. 以要素市场化配置改革推进供给侧结构性改革——基于机制设计理论分析浙江省海宁市实践 [J]. 学习与探索，2020（6）：6.

[47] 韩文海，邱国栋. 从契约性到非契约性：竞合理论演进研究 [J]. 江西社会科学，2016（7）：6.

[48] 韩兆洲. 工业化进程统计测度及实证分析 [J]. 统计研究，2002，V19（3）：22 – 23.

[49] 郝寿义. 国家综合配套改革试验的意义、政策设计和动力机制 [J]. 城市，2008（6）：3.

[50] 何枫，陈荣. 经济开放度对中国经济效率的影响：基于跨省数据的实证分析 [J]. 数量经济技术经济研究，2004（3）：7.

[51] 何精华. 府际合作治理：生成逻辑、理论涵义与政策工具 [J]. 上海师范大学学报：哲学社会科学版，2011，40（6）：8.

[52] 胡东宁. 区域经济一体化下的横向府际关系——以府际合作治理为视角 [J]. 改革与战略，2011，27（3）：4.

[53] 胡建新，王二林. 京津都市圈的发展构想 [J]. 中国软科学，2000（7）：5.

[54] 胡霞娥. 粤港澳大湾区产业协同发展的影响因素与提升策略 [J]. 广州社会主义学院学报，2022（2）：6.

［55］胡序威. 有关城市化与城镇体系规划的若干思考
［J］. 城市规划，2000.

［56］黄萃，任弢，李江，等. 责任与利益：基于政策
文献量化分析的中国科技创新政策府际合作关系演进研究
［J］. 管理世界，2015（12）：68－81.

［57］黄剑辉，李洪侠.“一带一路”战略视阈下我国
区域经济的协调发展［J］. 税务研究，2015（6）：9.

［58］黄溶冰. 府际治理、合作博弈与制度创新［J］.
经济学动态，2009（1）：5.

［59］黄升旗. 论企业“竞合”战略［J］. 企业家天
地：中旬刊，2009.

［60］黄祖辉，廖东. 构建粤港澳大湾区区域协调发展
新机制研究［J］. 南方论刊，2020（11）：4.

［61］霍丽莎. 联盟竞合的驱动因素及对企业突破性创
新的影响机制研究［D］. 成都：电子科技大学，2022.

［62］蒋清海. 区域经济协调发展的若干理论问题
［J］. 财经问题研究，1995（6）：6.

［63］蒋勇，黄鹄. 广西北部湾经济区城市群空间一体
化机制及策略探讨［J］. 热带地理，2009，29（1）：5.

［64］津川康雄. Amenity and landmark of the urbanscape
［J］. Small Business Economics，2012，39（2）：1－18.

［65］康红军. 尺度调适：一种重塑粤港澳大湾区府际

合作的新理路 [J]. 中国行政管理, 2023 (1): 8.

[66] 克里斯塔勒. 德国南部中心地原理 [M]. 北京: 商务印书馆, 2011.

[67] 寇大伟. 双向互动机制: 中国区域治理的路径选择 [J]. 华北电力大学学报: 社会科学版, 2014 (1): 5.

[68] 寇大伟. 我国区域协调机制的四种类型——基于府际关系视角的分析 [J]. 技术经济与管理研究, 2015 (4): 5.

[69] 匡跃辉. 生态型城市群文化的内在特征 [J]. 长沙理工大学学报: 社会科学版, 2015, 30 (2): 5.

[70] 冷韫同. 府际管理视角下地方政府合作探析 [J]. 东方企业文化, 2015 (11S): 1.

[71] 李东光, 郭凤城. 产业集群与城市群协调发展对区域经济的影响 [J]. 经济纵横, 2011 (8): 4.

[72] 李辉, 顾荣华, 朱玉林. 土地出让对长江中游城市群经济辐射的影响效应与形成机制研究 [J]. 长江流域资源与环境, 2020, 29 (1): 35-43.

[73] 李健, 金占明. 战略联盟内部企业竞合关系研究 [J]. 科学学与科学技术管理, 2008, 29 (6): 6.

[74] 李金龙, 王敏. 城市群内府际关系协调: 理论阐释, 现实困境及路径选择 [J]. 天津社会科学, 2010 (1): 5.

［75］李晋，曹云源，孙长青．河南省区域经济差异与协调发展研究［J］．经济经纬，2018，35（2）：7．

［76］李敏悦．"PPP＋B"模式下中国商业银行应对策略的探索分析——基于 Leonid Hurwicz 机制设计理论［J］．经贸实践，2018（17）：2．

［77］李薇，龙勇．竞争性战略联盟外生合作效应的实证研究［J］．管理评论，2011，23（2）：10．

［78］李霞．机制设计理论视角下同级监督运行机制的完善路径——基于 H 市 Z 区的实例分析［J］．领导科学论坛，2021，000（1）：122－126．

［79］李新安．生产要素区际流动与我国区域经济协调发展［J］．区域经济评论，2013（1）：6．

［80］李扬．以合作求竞争——信息化时代的企业战略选择［J］．商业研究，2001（1）：153－155．

［81］李振华，赵黎明，温遇华．基于价值网模式的企业合作竞争博弈研究［J］．软科学，2008，22（1）：6．

［82］梁经伟，毛艳华，江鸿泽．影响粤港澳大湾区城市群经济发展的因素研究［J］．经济问题探索，2018（5）：10．

［83］梁志霞，毕胜．基于城市功能的城市发展质量及其影响因素研究——以京津冀城市群为例［J］．经济问题，2020（1）：9．

[84] 林丽萍. 基于进化博弈的企业合作竞争 ESS 分析 [J]. 广西工学院学报, 2006, 17 (3): 52-55.

[85] 林尚立. 政党政治与现代化 [M]. 上海: 上海人民出版社, 1998.

[86] 刘琛. 区域经济发展的协调度评价实证分析 [J]. 产业科技创新, 2020.

[87] 刘冬华, 李琴. 区域经济发展与地方政府间关系: 以长三角为例 [J]. 上海理工大学学报: 社会科学版, 2005, 27 (3): 5.

[88] 刘汉屏, 刘锡田. 地方政府竞争: 分权、公共物品与制度创新 [J]. 改革, 2003, 000 (6): 23-28.

[89] 刘衡, 王龙伟, 李垣. 竞合理论研究前沿探析 [J]. 外国经济与管理, 2009 (9): 9.

[90] 刘弘阳. 我国地方政府竞争运行机理及其规制途径研究 [J]. 经济体制改革, 2018 (1): 6.

[91] 刘俊英. 公共支出与区域经济协调发展: 理论综述与研究动态 [J]. 经济问题探索, 2012 (10): 5.

[92] 刘俊英. 政府公共支出对区域经济协调发展的影响——基于中国省级面板数据的经验证据 [J]. 经济问题探索, 2013 (3): 7.

[93] 刘朋朋. 府际关系视角下中国政府机构规模特点研究 [J]. 治理现代化研究, 2021, 37 (4): 42-50.

［94］刘士林．关于中国式城市化的若干问题与启蒙思考［J］．江苏社会科学，2013（5）：5.

［95］刘泰洪．地方政府间竞争的路径演变和路径依赖［J］．天津社会科学，2010（1）：5.

［96］刘小铁．产业集聚效应对企业竞合行为的影响［J］．江西社会科学，2012（7）：5.

［97］刘晓英．人力资本与区域经济协调发展的实证研究［J］．统计与决策，2011（14）：2.

［98］刘亚平．中国式"监管国家"的问题与反思：以食品安全为例［J］．政治学研究，2011（2）：11.

［99］柳庆刚，姚洋．地方政府竞争和结构失衡［J］．世界经济，2012（12）：20.

［100］鲁金萍，杨振武，孙久文．京津冀城市群经济联系测度研究［J］．城市发展研究，2015（1）：6.

［101］陆大道．关于珠江三角洲大城市群与泛珠三角经济合作区的发展问题［J］．经济地理，2017（4）：4.

［102］路易斯·芒福德．城市文化［M］．北京：中国建筑工业出版社，2009.

［103］吕天宇，李晚莲，卢珊．京津冀雾霾治理中的府际合作研究［J］．环境与健康杂志，2017，34（4）：5.

［104］罗富政，罗能生．地方政府行为与区域经济协调发展——非正式制度歧视的新视角［J］．经济学动态，2016

（2）：9.

　　［105］罗美娟，祁明德．基于机制设计理论的旅游网络投诉机制优化——以人民网旅游 3·15 投诉平台为例［J］. 企业经济，2016（11）：9.

　　［106］罗湘衡．分析府际关系的四大主流模式研究［J］. 国外理论动态，2016（6）：13.

　　［107］骆泽顺，林璧属．旅游发展促进区域经济协调发展的收敛机制研究［J］. 经济问题探索，2015（8）：6.

　　［108］马蔷．互联网平台企业竞合战略选择的多案例研究［D］. 长春：吉林大学，2017.

　　［109］马润凡，吴松霖．区域经济发展中地方政府合作的制约因素及其化解［J］. 领导科学，2014（16）：22－23.

　　［110］马孝先．区域经济协调发展内生驱动因素与多重耦合机制分析［J］. 宏观经济研究，2017（5）：7.

　　［111］马雪彬，冉维波．横向府际关系中的利益演化均衡［J］. 改革与战略，2011，27（12）：4.

　　［112］孟骞．中国乡村私营企业组织结构的社会学研究［D］. 咸阳：西北农林科技大学，2015.

　　［113］孟祥林．城市扩展过程中的波核影响及其经济学分析［J］. 城市发展研究，2007（1）：63－70.

　　［114］苗丰涛．基层创新如何上升为国家政策？——府际关系视角下的纵向政策创新传导机制分析［J］. 东北大学

学报：社会科学版，2022，24（6）：41-51.

[115] 倪鹏飞，刘伟，黄斯赫.证券市场、资本空间配置与区域经济协调发展——基于空间经济学的研究视角[J].经济研究，2014，49（5）：12.

[116] 宁越敏.论中国城市群的界定和作用[J].城市观察，2016（1）：9.

[117] 宁越敏.新城市化进程——90年代中国城市化动力机制和特点探讨[J].地理学报，1998，53（5）：8.

[118] 宁越敏.中国都市区和大城市群的界定——兼论大城市群在区域经济发展中的作用[J].地理科学，2011，31（3）：7.

[119] 帕特里克·格迪斯.进化中的城市[M].北京：中国建筑工业出版社，2012.

[120] 潘小娟，余锦海.地方政府合作的一个分析框架——基于永嘉与乐清的供水合作[J].管理世界，2015（7）：2.

[121] 庞晶，叶裕民.城市群形成与发展机制研究[J].生态经济，2008（2）：3.

[122] 庞玉萍，陈玉杰.城镇化对城乡居民收入差距的影响——以河南省为例[J].创新科技，2018（2）.

[123] 彭荣胜.区域经济协调发展的内涵、机制与评价研究[M].北京：经济科学出版社，2012.

[124] 彭荣胜. 区域协调与先发地区经济持续发展研究——基于两区域的分析 [J]. 商业研究, 2007 (10): 6.

[125] 彭张林, 张爱萍, 王素凤, 等. 综合评价指标体系的设计原则与构建流程 [J]. 科研管理, 2017 (S1): 7.

[126] 皮建才. 中国区域经济协调发展的内在机制研究 [J]. 经济学家, 2011 (12): 8.

[127] 钱华. 机制设计理论视角下人民银行预算绩效管理机制研究 [J]. 浙江金融, 2019 (12): 6.

[128] 乔彬, 李国平. 城市群形成的产业机理 [J]. 经济管理, 2006 (22): 6.

[129] 饶常林. 中国地方政府合作的博弈分析: 困境与消解 [J]. 北京理工大学学报: 社会科学版, 2014 (5): 6.

[130] 任维德. 中国城市群地方政府府际关系研究 [J]. 内蒙古大学学报: 哲学社会科学版, 2009 (4): 6.

[131] 任志新. 论城市群府际管理 [J]. 学理论, 2013 (27): 3.

[132] 申玉铭, 方创琳. 区域 PRED 协调发展的有关理论问题 [J]. 地域研究与开发, 1996, 15 (4): 4.

[133] 沈蕾, 胡青江. 欠发达地区的区域经济差异与协调发展研究——以新疆为例 [J]. 资源与产业, 2013, 15 (4): 6.

[134] 石佑启, 郑崴文. 区域府际合作中软法的效力保

障 [J]. 求索, 2022 (6): 8.

[135] 宋冬梅, 张云宁. 企业合作竞争的进化博弈分析 [J]. 价值工程, 2004, 23 (7): 3.

[136] 苏永乐, 陈鹏. 城市圈发展对区域经济一体化影响的实证分析——以长三角城市圈为例 [J]. 西安财经学院学报, 2013, 26 (3): 5.

[137] 孙兵. 晋升博弈背景下中国地方政府合作发展研究 [J]. 南开学报: 哲学社会科学版, 2013 (2): 8.

[138] 孙海燕, 王富喜. 区域协调发展的理论基础探究 [J]. 经济地理, 2008, 28 (6): 4.

[139] 孙森, 卢紫珺. 论城市群对经济的推动作用与环渤海城市群的发展 [J]. 现代财经·天津财经大学学报, 2007.

[140] 覃成林, 姜文仙. 区域协调发展: 内涵、动因与机制体系 [J]. 开发研究, 2011, 152 (1): 14-18.

[141] 覃成林, 张华, 毛超. 区域经济协调发展: 概念辨析、判断标准与评价方法 [J]. 经济体制改革, 2011 (4): 5.

[142] 覃成林, 郑云峰, 张华. 我国区域经济协调发展的趋势及特征分析 [J]. 经济地理, 2013 (1): 6.

[143] 谭维佳. 产业集群中企业间竞合关系分析——以深圳新一代信息通信产业集群促进机构的角色为例 [J]. 科

研管理，2021，42（12）：7.

[144] 唐兴和．基于博弈模型构建的横向府际竞争研究 [J]．南京大学学报：哲学·人文科学·社会科学，2015 （4）：7.

[145] 田国强．高级微观经济学（下册）[M]．北京：中国人民大学出版社，2016：717－889.

[146] 田国强．共同富裕：政府、市场与社会的不同角色 [N]．社会科学报，2021－09－30（001）.

[147] 田国强．现代经济学的本质（上）[J]．学术月刊，2016，48（7）：5－19.

[148] 田玉英，黄昶生，马海宁．区域石油产业链横向竞合效益评价 [J]．统计与决策，2013（11）：4.

[149] 田中禾，孙权．集聚经济下产业集群内竞合行为的演化博弈——基于 ESS 策略的复制者动态分析 [J]．科技进步与对策，2012，29（6）：5.

[150] 万幼清，王云云．产业集群协同创新的企业竞合关系研究 [J]．管理世界，2014（8）：2

[151] 汪伟全，许源．地方政府合作的现存问题及对策研究 [J]．社会科学战线，2005（5）：3.

[152] 汪伟全．论我国地方政府间合作存在问题及解决途径 [J]．公共管理学报，2005，2（3）：5.

[153] 汪伟全．中国地方政府竞争：从产品、要素转向

制度环境［J］. 南京社会科学, 2004（7）：6.

［154］王栋晗, 贾鹿, 张珊. 基于因子分析的企业竞合关系评价体系研究［J］. 科研管理, 2016（S1）：8.

［155］王发曾, 程丽丽. 山东半岛、中原、关中城市群地区的城镇化状态与动力机制［J］. 经济地理, 2010（6）：8.

［156］王国宏, 马鸿雁. 中国地方政府间横向合作的问题及对策［J］. 辽宁工程技术大学学报：社会科学版, 2011, 13（6）：4.

［157］王皓月, 陈浩. 国内府际治理研究的知识图谱分析及未来展望［J］. 生产力研究, 2022（7）：28－34.

［158］王婧, 方创琳. 中国城市群发育的新型驱动力研究［J］. 地理研究, 2011, 30（2）：13.

［159］王青. 区域增长极的形成与城市群战略［J］. 河北大学成人教育学院学报, 2004, 6（1）：2.

［160］王庆华. 产业集群中的企业竞合关系研究［J］. 中共福建省委党校学报, 2007（1）：5.

［161］王淑梅, 董梦瑶, 李慧敏. 我国行政区划与区域经济协调发展的建议［J］. 特区经济, 2014（10）：2.

［162］王曙光, 梁伟杰. 区域经济协调发展的 ISSP 测度指标体系研究［J］. 商业研究, 2017（9）：7.

［163］王亚男, 杨永春, 齐君. 资源型城市群生态规划

框架探讨——以晋北中部城市群为例 [J]. 规划师，2013 （4）：7.

[164] 王义. 构建复合机制提升地方政府合作水平——以山东半岛蓝色经济区为例 [J]. 云南行政学院学报，2013 （A05）：4.

[165] 王玉清，朱文晖，张玉斌. 从竞合角度看两大三角洲的区域经济整合 [J]. 经济理论与经济管理，2004 （4）：5.

[166] 韦功鼎，李雪梅. 高速铁路知识溢出对第三产业集聚的影响研究——基于长三角城市群的实证研究 [J]. 经济问题探索，2019 （2）：7.

[167] 魏振香，赵桂珍. 黄河三角洲区域经济协调与合作发展模式研究 [J]. 中国市场，2015 （35）：3.

[168] 文宏，李慧龙. 府际关系视角下基层形式主义的本质与逻辑重思 [J]. 探索与争鸣，2019 （11）：102 - 110.

[169] 翁文阳. 府际关系研究的阶段性特征与多维视角 [J]. 重庆社会科学，2014 （6）：6.

[170] 吴东，张宁，刘潭飞. 竞合关系，知识耦合与企业激进式创新 [J]. 科学学与科学技术管理，2022，43 （11）：21.

[171] 吴菲菲，米兰，黄鲁成. 基于技术标准的企业多

主体竞合关系研究［J］．科学学研究，2019，37（6）：10．

［172］吴金鹏，韩啸．制度环境、府际竞争与开放政府数据政策扩散研究［J］．现代情报，2019，39（3）：9．

［173］吴净．我国区域经济协调发展中若干理论问题思考——兼析区域经济协调发展的本质与内涵［J］．区域经济评论，2013（6）：6．

［174］吴亚慧．府际管理理论与粤桂合作特别试验区政府合作问题研究［J］．探求，2017（4）：6．

［175］吴振球，王建军．地方政府竞争与经济增长方式转变：1998—2010——基于中国省级面板数据的经验研究［J］．经济学家，2013（1）：10．

［176］吴忠泽．坚持科学发展观，以科技创新促进区域统筹协调发展——对中南地区科技工作的思考和建议［J］．中国软科学，2004（4）：5．

［177］夏善晨．以"竞合"的企业战略参与国际经济合作［J］．经济界，2003（2）：3．

［178］项保华，任新建．企业竞合行为选择与得益关系的对局模拟研究［J］．系统工程理论与实践，2007，27（7）：7．

［179］谢庆奎．中国政府与政治研究的现状，主题及未来发展［J］．北京行政学院学报，2000（4）：4 - 7．

［180］谢晓波．地方政府竞争与区域经济协调发展的博

弈分析 [J]. 社会科学战线, 2004 (4): 5.

[181] 谢永琴, 武小英, 沈蕾. 粤港澳大湾区城市群多中心网络化空间发展研究 [J]. 河北经贸大学学报, 2021, 42 (5): 92 - 100.

[182] 邢怀滨, 陈凡, 刘玉劲. 城市群的演进及其特征分析 [J]. 哈尔滨工业大学学报 (社会科学版), 2001 (4): 83 - 87.

[183] 徐亮, 张宗益, 龙勇, 等. 竞合战略与技术创新绩效的实证研究 [J]. 科研管理, 2009, 30 (1): 87 - 96.

[184] 徐亮, 张宗益, 龙勇. 竞争性企业间合作关系研究 [J]. 科学学与科学技术管理, 2007, 28 (2): 6.

[185] 徐凌, 陈翔. 论美国府际治理对中国行政体制改革的启示 [J]. 广州大学学报: 社会科学版, 2008, 7 (9): 4.

[186] 徐宛笑. 国内府际关系研究述评: 内涵、主体与脉络 [J]. 武汉理工大学学报: 社会科学版, 2015, 28 (6): 5.

[187] 徐盈之, 郭进, 周秀丽. 碳税与区域经济协调发展——基于分位数回归的实证研究 [J]. 东北大学学报 (社会科学版), 2016, 18 (6): 585 - 592.

[188] 薛丹丹. "竞合" 理论述评 [J]. 重庆与世界, 2011 (3): 3.

[189] 闫晓燕. 澜湄合作的府际治理和云南参与路径研究 [D]. 昆明：云南师范大学，2021.

[190] 颜德如，岳强. 中国府际关系的现状及发展趋向 [J]. 学习与探索，2012（4）：5.

[191] 杨爱平. 粤港澳大湾区跨境治理中的包容性府际关系 [J]. 学术研究，2022（10）：59 - 66.

[192] 杨安华. 我国地方政府间合作研究：进展与问题 [J]. 云南行政学院学报，2008，10（5）：4.

[193] 杨海轮. 论从对抗性竞争到合作竞争 [J]. 财经科学，2002（6）：4.

[194] 杨海水. 地方政府竞争理论的发展述评 [J]. 经济学动态，2004（10）：5.

[195] 杨龙，胡慧旋. 中国区域发展战略的调整及对府际关系的影响 [J]. 南开学报：哲学社会科学版，2012（2）：13.

[196] 杨龙，李培. 府际关系视角下的对口支援系列政策 [J]. 理论探讨，2018（1）：9.

[197] 杨龙，杨杰. 中国府际合作中的信任 [J]. 理论探讨，2015（6）：5.

[198] 杨萍. 新型城镇化背景下就地城镇化模式优化路径分析 [J]. 商业时代，2014（17）：2.

[199] 姚士谋，顾文选，朱振国. 中国城市化量化指标

的综合思考 [J]. 规划师，2001，17（3）：5.

[200] 姚士谋，管驰明，王书国，等. 我国城市化发展的新特点及其区域空间建设策略 [J]. 地球科学进展，2007，22（3）：10.

[201] 姚士谋. 我国城市群的特征，类型与空间布局 [J]. 城市问题，1992（1）：7.

[202] 叶玉瑶. 城市群空间演化动力机制初探——以珠江三角洲城市群为例 [J]. 城市规划，2006，30（1）：61 - 66，87.

[203] 易晨希. 基于机制设计理论的校企合作模型及长效机制设计 [J]. 河南科技学院学报：社会科学版，2015（12）：5.

[204] 殷存毅. 台湾经济转型升级对浙江的启示 [J]. 经贸实践，2009（9）：1.

[205] 于洪俊，宁越敏. 城市地理概论 [M]. 合肥：安徽科学技术出版社，1983.

[206] 于丽英，戴玉其. 基于模糊 QFD 与模糊 TOPSIS 的区域科技创新竞合关系影响因素研究——以长三角区域为例 [J]. 科技进步与对策，2013，30（2）：6.

[207] 于源，黄征学. 区域协调发展内涵及特征辨析 [J]. 中国财政，2016（13）：2.

[208] 俞国军. 纵向府际互动与企业空间动态——以 Z

省 Y 市汽车零部件产业集群为例［J］．中国行政管理，2023（2）：9.

［209］约翰·伦尼·肖特．城市秩序：城市、文化与权力导论［M］．上海：上海人民出版社，2011.

［210］岳书敬，曾召友．地方政府竞争与地方性公共物品的提供［J］．经济问题探索，2005（6）：3.

［211］昝廷全．泛系理论概述［J］．系统工程，1988（6）：2.

［212］昝廷全．经济系统的泛结构及其泛系观控分析［J］．兰州大学学报：社会科学版，1990（2）：6.

［213］昝廷全．资源位定律及其应用［J］．中国工业经济，2005（11）：7.

［214］臧锐，杨青山，杨晓楠，等．增强城市群综合承载能力的政府合作机制研究［J］．经济地理，2010（8）：5.

［215］翟战平．数字经济浪潮下的区域发展新模式［J］．城市开发，2019（14）：2.

［216］张超，钟昌标，蒋天颖，等．我国区域协调发展时空分异及其影响因素［J］．经济地理，2020，40（9）：12.

［217］张敦富，覃成林．中国区域经济差异与协调发展［M］．北京：中国轻工业出版社，2001.

[218] 张欢. 突发公共事件下的中央和地方府际关系审视 [J]. 清华大学学报: 哲学社会科学版, 2006, 21 (4): 11.

[219] 张晖. 地方政府竞争的方式及其双重效应 [J]. 经济体制改革, 2011.

[220] 张紧跟. 府际治理: 当代中国府际关系研究的新趋向 [J]. 学术研究, 2013 (2): 8.

[221] 张紧跟. 区域公共管理制度创新分析: 以珠江三角洲为例 [J]. 政治学研究, 2010 (3): 13.

[222] 张可云, 项目. 安徽省各地区 GDP 增长的空间计量研究 [J]. 江淮论坛, 2012, 000 (1): 19 - 23, 30.

[223] 张可云. 论区域和谐的战略意义与实现途径 [J]. 创新, 2007 (4): 5.

[224] 张玲璇. 我国区域经济协调发展的趋势及特征分析 [J]. 农村经济与科技, 2021, 32 (14): 175 - 177.

[225] 张梦时. 府际关系研究述评: 形成体制、参与主体与具体过程 [J]. 哈尔滨市委党校学报, 2017 (3): 7.

[226] 张明军, 汪伟全. 论和谐地方政府间关系的构建: 基于府际治理的新视角 [J]. 中国行政管理, 2007 (11): 4.

[227] 张仁平, 曹任何. 府际管理视角下的长株潭城市群公共危机管理合作模式研究 [J]. 行政与法, 2008

（8）：4.

［228］张荣天. 长三角城市群网络结构时空演变分析 [J]. 经济地理, 2017, 37（2）：46-52.

［229］张衔春, 夏洋辉, 单卓然, 等. 粤港澳大湾区府际合作网络特征及演变机制研究 [J]. 城市发展研究, 2022（1）：029.

［230］张晓明. 长江三角洲巨型城市区特征分析 [J]. 地理学报, 2006, 61（10）：12.

［231］张亚斌, 黄吉林, 曾铮. 城市群, "圈层" 经济与产业结构升级——基于经济地理学理论视角的分析 [J]. 中国工业经济, 2006（12）：8.

［232］张应武. 珠三角市场一体化的测度及其影响因素 [J]. 惠州学院学报, 2012, 32（2）：6.

［233］张自谦. 府际关系中的条块关系研究综述 [J]. 上海商学院学报, 2010, 11（3）：4.

［234］赵红. 中国企业的开放式创新：制度环境、"竞合" 关系与创新绩效 [J]. 管理世界, 2020, 36（2）：22.

［235］赵永茂. 府际关系：新兴研究议题与治理策略 [M]. 北京：社会科学文献出版社, 2012.

［236］郑春勇. 论地方政府合作与区域空间结构的协同演化——以珠江三角洲城市群为例 [J]. 广东商学院学报, 2011, 26（3）：4-11.

[237] 郑春勇. 论"依附性"府际关系及其风险——以区域产业转移为背景 [J]. 内蒙古社会科学, 2017, 38 (4): 52-57.

[238] 钟贵江. 基于"竞合战略"下的企业博弈分析 [J]. 西部财会, 2007 (3): 3.

[239] 周长辉. 中国企业战略变革过程研究: 五矿经验及一般启示 [J]. 管理世界, 2005 (12): 14.

[240] 周大然, 曾爱娟. 府际治理视阈下地方政府合作协议的规范化——以成渝双城经济圈为例 [J]. 西南石油大学学报 (社会科学版), 2022, 24 (4): 30-37.

[241] 周虹, 刘文昊, 郁瑾. 长江中游城市群城镇化水平区域差异综合评价 [J]. 区域经济评论, 2017 (2): 7.

[242] 周鹏, 潘噪. 长三角区域经济协调发展模式管窥 [J]. 经济与社会发展, 2008, 6 (9): 5.

[243] 周绍杰, 王有强, 殷存毅. 区域经济协调发展: 功能界定与机制分析 [J]. 清华大学学报: 哲学社会科学版, 2010 (2): 8.

[244] 周业安, 赵晓男. 地方政府竞争模式研究——构建地方政府间良性竞争秩序的理论和政策分析 [J]. 管理世界, 2002 (12): 10.

[245] 周一星, R. 布雷德肖. 中国城市 (包括辖县) 的工业职能分类——理论, 方法和结果 [J]. 地理学报,

1988，000（4）：3－14.

［246］朱国伟，陈晓燕.省直管县有效性实现的府际关系因素分析［J］.云南行政学院学报，2008，10（3）：4.

［247］朱俊成.武汉城市圈创新型城市群发展研究［J］.中国名城，2013（8）：7.

［248］卓凯，殷存毅.区域合作的制度基础：跨界治理理论与欧盟经验［J］.财经研究，2007，33（1）：11.

［249］邹颖.区域协调发展评价指标体系及测度方法研究［J］.商讯，2019，181（27）：119－120，144.

［250］左振宇，叶春华，何建敏，等.基于 ANP－ER的区域经济协调发展水平的测度［J］.统计与决策，2012（8）：4.

［251］Alice K，Grace M S. Assistive technology interoperability between virtual and real worlds［J］. Journal for Virtual Worlds Research，2011，4（3）.

［252］Andersen P H，Christensen P R. The pen and the needle：Partner diversity in international subcontractor relationships［J］. Asian Case Research Journal，1999，3（2）：157－168.

［253］Anderson D C，Goodyear-Grant E. Conceptions of political representation in Canada：An explanation of public opinion［J］. Canadian Journal of Political Science/Revue canadienne de science politique, 2005, 38 (4).

［254］Anderson W, Brown M. Revealing cost drivers for systems integration and interoperability through Q methodology ［J］. 2011.

［255］Arthur J Gartaganis, Arthur S Gddburger. A Note on the Statistical Discrepancy in the National Accounts ［J］. Econometrica, 1955, 23 (2).

［256］Bakvis H. "In the shadows of hierarchy": Intergovernmental governance in Canada and the European Union ［J］. Canadian Public Administration, 2013, 56.

［257］Bao S, Chang H G, Sachs D J, et al. Geographic factors and China's regional development undermarket reforms, 1978 – 1998 ［J］. China Economic Review, 2002, 13 (1).

［258］Barro J R. Inequality and growth in a panel of countries ［J］. Journal of Economic Growth, 2000, 5 (1).

［259］Baybeck B, Berry D W, Siegel A D. A Strategictheory of policy diffusion via intergovernmental competition ［J］. The Journal of Politics, 2011, 73 (1).

［260］Bengtsson M, Kock S. Cooperation and competition in relationships between competitors in business networks ［J］. Journal of Business & Industrial Marketing, 1999, 14 (3): 178 – 194.

［261］Bengtsson M, Kock S. "Coopetition" in business networks—to Cooperate and Compete Simultaneously ［J］. Industrial Marketing Management, 2000, 29（5）: 411 – 426.

［262］Bengtsson M, Raza-Ullah T, Vanyushyn V. The coopetition paradox and tension: The moderating role of coopetition capability ［J］. Industrial Marketing Management, 2016, 53（3）: 19 – 30.

［263］Bengtsson M, Raza-Ullah T. A systematic review of research on coopetition: Toward a multilevel understanding ［J］. Industrial Marketing Management, 2016, 57.

［264］Berry, B J. Cities as systems within systems of cities ［J］. Papers in Regional Science, 1964, 13（1）: 147 – 163.

［265］Berry, B J. The geography of the United States in the year 2000 ［J］. Transactions of the Institute of British Geographers, 1970: 21 – 53.

［266］Boudeville J. L′amenagement des bassins fluviaux. Evaluation et planification des programmes ［J］. Revue économique, 1959, 10（4）.

［267］Brandenburger A M, Barry J Nalebuff. The right game: Use game theory to shape strategy ［J］. Harvard Business Review, 1995.

［268］Calsamiglia X. Decentralized resource allocation and

increasing returns ［J］. Journal of Economic Theory, 1977, 14 (2): 263 – 283.

［269］ Chen J, Fleisher M B. Regional income inequality and economic growth in China ［J］. Journal of Comparative Economics, 1996, 22 (2).

［270］ Chris Taylor. Towards a geography of education ［J］. Oxford Review of Education, 2009, 35 (5).

［271］ Cohen R B. The new international division of labor, multinational corporations and urban hierarchy urbanization and urban planning in capitalist society ［J］. Urbanization and urban Planning in Capitalist Society, 1981: 287 – 315.

［272］ Culpan R. Open innovation business models and the role of interfirm partnerships ［M］. Palgrave Macmillan US, 2014.

［273］ Czakon W, Mucha-Kus K, Soltysik M. Coopetition-strategy—What is in it for all? A study of common benefits in the polish energy balancing market ［J］. International studies of Management & Organization, 2016, 46 (2/3).

［274］ Dagnino G B, Padula G. Coopetition strategy: A new kind of interfirm dynamics for value creation ［J］. 2002.

［275］ Daniel B. Future directions in intergovernmental relations ［J］. Journal of Health and Human Services Administration, 2013, 36 (2).

[276] Devarajan S, Swaroop V, Zou H. The composition of public expenditure and economic growth [J]. Journal of Monetary Economics, 1996, 37 (2).

[277] Dixon R, Thirlwall P A. A model of regional growth-rate differences on Kaldorian lines [J]. Oxford Economic Papers, 1975, 27 (2).

[278] Démurger S. Infrastructure development and economic growth: An explanation for regional disparities in China? [J]. Journal of Comparative Economics, 2001, 29 (1).

[279] Dorn S, Schweiger B, Albers S. Levels, phases and themes of coopetition: A systematic literature review and research agenda [J]. European Management Journal, 2016, 34 (5): 484 –500.

[280] Ebner, M. H. Experiencing megalopolis in Princeton [J]. Journal of Urban History, 1993, 19 (2): 11 –55.

[281] Edwards A, Kool D D. Webcare in public services: Deliver better with less? [M]. Springer International Publishing, 2015.

[282] Fawcett, C B. Distribution of the urban population in Great Britain [J]. The Geographical Journal, 1932, 79 (2): 100 –113.

[283] Fingleton B. Estimates of time to economic convergence: An analysis of regions of the European Union [J]. International Regional Science Review, 1999, 22 (1).

[284] Fred, W, Riggs. Endorsing Comments: Public organization review: An appreciation [J]. Public Organization Review, 2001.

[285] Friedmann, J, Alonso, W. Regional development and planning: A reader [J]. New Zealand Geographer, 1964, 23 (2): 179.

[286] Friedmann, J. Urbanization, planning, and national development [M]. London: Sage Publications, 1973.

[287] Friedmann J, John F. The urban transition: Comparative studies of newly industrializing societies [J]. Edward Arnold, London, England, 1976.

[288] Friedmann J. Education for regional planning in developing countries [J]. Regional Studies, 1968, 2 (1).

[289] Fujita M, Hu D. Regional disparity in China 1985 – 1994: The effects of globalization and economic liberalization [J]. The Annals of Regional Science, 2001, 35 (1).

[290] Garcia C Q, Velasco C A B. Coopetition and performance: Evidence from European biotechnology industry [J]. Innovate Research in Management, 2002.

[291] Gerd Lintz, Blatter Joachim, Haverland Markus De-signing case studies: Explanatory approaches in small-N research [J]. Raumforschung Und Raumordnung Spatial Research & Planning, 2017.

[292] Gibbard A. Manipulation of votig schemes: A gener-al result [J]. Econometrica, 1973, 41.

[293] Gnyawali, D R. Impact of coopetition on firm com-petitive behavior: An empirical examination [J]. Journal of Management Official Journal of the Southern Management Associ-ation, 2006, 32 (4): 507 – 530.

[294] Gnyawali R D, He J, Madhavan R. Impact of Co-opetition on firm competitive behavior: An empirical examination [J]. Journal of Management, 2006, 32 (4).

[295] Gormsen E. Mexican handicrafts under the influence of international tourism: Development and regional employment [J]. Ibero Amerikanisches Archiv, 1981.

[296] Gottmann, J. Megalopolis: The urbanized north-eastern seaboard of the United States [J]. Twentieth Century Fund, 1961.

[297] Gottmann J. Megalopolis or the urbanization of the northeastern seaboard [J]. Economic Geography, 1957: 189 – 200.

[298] Gottmann J. The significance of territory [J]. Geographical Review, 1976, 66 (2): 238.

[299] Gottmann J. The ancient Mediterranean tradition of urban networks: A lecture delivered at New College, Oxford, on 3rd May, 1983 [M]. Leopard's Head Press, 1984.

[300] Green, J R, & Laffont, J J. Posterior implementability in a two-person decision problem [J]. Econometrica, 1987, 55 (1).

[301] Gunnar M. Economic theory and under-developed regions [J]. Economica, 1960, 27 (107).

[302] Gupta S, Davoodi H, Alonso-Terme R. Does corruption affect income inequality and poverty? [J]. Economics of Governance, 2002, 3 (1).

[303] Guy B P, Jon P. Politicians, bureaucrats and administrative reform [M]. Taylor and Francis, 2008.

[304] Hall P, Pain K. The polycentric metropolis: Learning from Mega-city Regions in Europe [M]. London: Earthscan Ltd, 2006.

[305] Hans-Joachim A. Innate versus adaptive immunity in kidney immunopathology [J]. BMC nephrology, 2013, 14 (1).

[306] Henderson, V. J. Marshall's scale economics [J]. Journal of Urban Economics, 2003 (1): 1 – 28.

[307] Hewings J G. Spatially blind trade and fiscal impact policies and their impact on regional economies [J]. Quarterly Review of Economics and Finance, 2014, 54 (4).

[308] Hindriks, Jean. Political failures and intergovernmental competition [J]. Economics Research International, 2012: 9 – 14.

[309] Hirschman A O. The strategy of economic development [M]. Yale University Press, 1958.

[310] Holcombe R G, Williams D E W. The cartelization of local governments [J]. Public Choice, 2011, 149 (1 – 2): 65 – 74.

[311] Hurwicz, L, Walker, M. On the generic nonoptimality of dominant-strategy allocation mechanisms: A general theorem that includes pure exchange economies [J]. Econometrica, 1990, 58 (3).

[312] Hurwicz L. On informationally decentralized systems. [M]//McGuire C B, Radner R, eds. Decision and organization. Amsterdam: North-Holland, 1972.

[313] Hurwicz L. Optimality and informational efficiency in resource allocatio processes [J]. Mathematical Social Sciences, 1960, 89 (353): 27 – 46.

[314] H W Singer. External aid: For plans or projects?

[J]. The Economic Journal, 1965, 75 (299).

[315] John Friedmann, John Miller. The urban field [J]. Journal of the American Planning Association, 1965, 31 (4): 312 – 320.

[316] John Phillimore. Understanding intergovernmental relations: Key features and trends [J]. Australian Journal of Public Administration, 2013, 72 (3).

[317] John T K, Gerrit K. The spatial dispersion of economic activities and development trends in China: 1952 – 1985 [J]. The Annals of Regional Science, 2001, 35 (1).

[318] Jones F B, Olken A B. Doleaders matter? National leadership and growth since World War II [J]. The Quarterly Journal of Economics, 2005, 120 (3).

[319] Kaldor N. Further essays on applied economics [M]. Holmes & Meier, 1978.

[320] Kjell, Hausken. Cooperation and between-group competition [J]. Journal of Economic Behavior & Organization, 2000.

[321] Krugman P. Increasing Returns and Economic Geography [J]. Journal of Political Economy, 1991, 99 (3).

[322] Lang, R E. Edgeless cities: Exploring the elusive metropolis [M]. Brookings Institution Press, 2003.

[323] Lang R E, Dhavale D. Beyond megalopolis: Exploring America's new "megapolitan" geography [J]. Brookings Mountain West, 2005 (5): 1 –33.

[324] Lang R E, Nelson A C. America 2040: The rise of the megapolitans [J]. Planning, 2007 (1): 7 – 12.

[325] Lechner C, Dowling M, Welpe I. Firm networks and firm development: The role of the relational mix [J]. Journal of Business Venturing, 2006, 21 (4): 0 – 540.

[326] Ledyard J, Roberts J. On the incentive problem with public goods [J]. Discussion Papers, 1975.

[327] Leibenstein R B H. Population growth and levels of consumption by Horace Belshaw [J]. Journal of Political Economy, 1958, 66 (1): 87 –88.

[328] Levy M M, Fink M P, Marshall J C, et al. 2001 SCCM/ESICM/ACCP/ATS/SIS International sepsis definitions conference [J]. Critical Care Medicine, 2003, 31 (4): 1250.

[329] Li Y, Wei D Y. The spatial-temporal hierarchy of regional inequality of China [J]. Applied Geography, 2009, 30 (3).

[330] Luo Y. A coopetition perspective of global competition [J]. Journal of World Business, 2007, 42 (2): 129 –

144.

[331] Luo Y. Toward coopetition within a multinational enterprise: A perspective from foreign subsidiaries [J]. Journal of World Business, 2005, 40 (1): 71 – 90.

[332] Machlup F. Theories of the firm: Marginalist, behavioral, managerial [J]. American Economic Review, 1978, 57 (1): 1 – 33.

[333] Mandell, Myrna P. Intergovernmental management in interorganizational networks: A revised perspective [J]. International Journal of Public Administration, 1988, 11 (4): 393 – 416.

[334] Mariani M M. Coopetition as an emergent strategy: Empirical evidence from an Italian consortium of opera houses [J]. International Studies of Management & Organization, 2007, 37 (2): 97 – 126.

[335] Marie J M. Croissance et environnement à Jerba (Tunisie) [J]. Bulletin de l'Association degéographes français, 1976, 53 (435).

[336] Marshall A. Principles of economics: An introductory volume [M]. Macmillan, 1920.

[337] Martin P. Multi-level governance and the emergence of collaborative federal institutions in Australia [J]. Policy &

Politics, 2001, 29 (2).

[338] Martins, de, Resende, et al. Critical success factors in coopetition: Evidence on a business network [J]. Indutrial Marketing Management, 2018.

[339] Martin S A, Long C N. Values & beliefs [J]. Metroscape, 2015 (1): 26 – 30.

[340] Maskin E, Sjostrom T. Implementation theory [J]. Handbook of Social Choice and Welfare, 2002, 1.

[341] Mattila J M, Thompson W R, Dijk J V. The role of the product market in state industrial development [J]. Papers in Regiond Science, 1960, 6 (1): 87 – 96.

[342] McGee, T G. Urbanisasi Or Kotadesasi? The emergence of new regions of economic interaction in Asia [J]. East-West Environment and Policy Institute, 1987.

[343] Mcgee, T. The emergence of desakota regions in Asia [J]. The Extended Metropolis: Settlement Transition Is Asia, 1991.

[344] McGinnis D M. Policy substitutability in complex humanitarian emergencies: A model of individual choice and international response [J]. The Journal of Conflict Resolution, 2000, 44 (1).

[345] McGuire M. Collaborative public management: As-

sessing what we know and how we know it ［J］. Public Administration Review, 2006, 66.

［346］ Michael M. Symposium introduction: Challenges of intergovernmental management ［J］. Journal of Health and Human Services Administration, 2013, 36 (2).

［347］ Myerson R B. Optimal coordination mechanisms in generalized principal-agent problems ［J］. Journal of Mathematical Economics, 1982.

［348］ Nelson, R R. A theory of the low-level equilibrium trap in underdeveloped economies ［J］. China Labor Economics, 1956, 46 (5): 894 – 908.

［349］ North C D. Location theory and regional economic growth ［J］. Journal of Political Economy, 1955, 63 (3).

［350］ Nurkse, R. Problems of capital formation in lesser-developed areas ［J］. Journal of the Royal Statistical Society, 1953, 116 (4).

［351］ Painter M. Making sense of good governance ［J］. Public Policy & Administration, 2002, 11.

［352］ Penniman W A C. Government in the fifty States ［M］. Holt, Rinehart and Winst, 1960.

［353］ Perroux F. Economic space: Theory and applications ［J］. The Quarterly Journal of Economics, 1950, 64 (1):

89 – 104.

[354] Perroux F. The conquest of space and national sovereignty [J]. Diogenes, 1962, 10 (39).

[355] Pitelis, C, Sugden, R, Wilson, J R. Clusters and globalisation: The development of urban and regional economies [J]. Environmental Entomology, 2006, 22 (1): 109 – 115.

[356] Reiter R S. Game forms with minimal message spaces [J]. Econometrica, 1988, 56 (3): 661 – 692.

[357] Rey J S, Montouri D B. US Regional income convergence: A spatial econometric perspective [J]. Regional Studies, 2010, 33 (2).

[358] Richard, Balme, et al. Multi-level governance and the environment: Intergovernmental relations and innovation in environmental policy [J]. Environmental Policy and Governance, 2014.

[359] Rosenstein-Rodan P N. Problems of industrialisation of Eastern and South-Eastern Europe [J]. The Economic Journal, 1943.

[360] Rostow W W. The strategic role of theory: A commentary [J]. The Journal of Economic History, 1971, 31 (1).

［361］ Rozelle. Rural industrialization and increasing ine-quality: Emerging patterns in China's reforming economy ［J］. Journal of Comparative Economics, 1994, 19 (3).

［362］ Sachs J D, Warner A M. Sources of Slow Growth in SSA Economies ［J］. Journal of African Economies, 1996, 6 (3): 335 – 376.

［363］ Samuelson A P. Some theoretical and empirical thoughts on developmental analysis ［J］. Japan & The World Economy, 1999, 11 (2).

［364］ Satterthwaite M A. Strategy-proofness and arrow's conditions: Existence and correspondence theorems for voting pro-cedures and social welfare functions ［J］. Journal of Economic Theory, 1975, 10 (2): 187 – 217.

［365］ Scanziani M. Competing on the edge ［J］. Trends in Neurosciences, 2002, 25 (6): 282 – 283.

［366］ Scherer K R. Componential emotion theory can in-form models of emotional competence ［M］//The Science of Emotional Intelligence Knowns and unknowns, Oxford Univer-sity Press, 2008.

［367］ Scott, A J. eds. Global city-regions: Trends, theo-ry, policy ［M］. Oxford: Oxford University Press, 2001.

［368］ Sink D, Agranoff R J, Rinkle V L. Intergovernmental management: Human services problem-solving in six metropolitan areas [J]. American Political Science Association, 1987, 81 (1): 271.

[369] Skelcher C, Sullivan H, Jeffares S. Hybrid governance in European cities: Neighbourhood, migration and democracy [J]. Palgrave Macmillan, 2013.

[370] Slaper, T F, Harmon, K M, Rubin, B M. Industry clusters and regional economic performance: A study across U. S. metropolitan statistical areas [J]. Economic Development Quarterly, 2018.

[371] Snider C F. County and Township Government in 1935—1936 [J]. American Political Science Review, 1937, 31.

[372] Soukiazis E, Proença S. Tourism as an alternative source of regional growth in Portugal: A panel data analysis at NUTS II and III levels [J]. Portuguese Economic Journal, 2008, 7 (1).

[373] Stephenson R, Poxon J. Regional strategy making and the new structures and processes for regional governance [J]. Local Government Studies, 2001, 27 (1): 109 – 124.

[374] Tian G. On the informational requirements of decentralized Pareto-satisfactory mechanisms in economies with increas-

ing returns [J]. MPRA Paper, 2006.

[375] Tian J, D J Sachs A Warner. Trends in regional inequality in China [J]. China Economic Review, 1996, 7 (1).

[376] Tsai W P. Social structure of "coopetition" within a multiunit organization: Coordination, competition, and intraorganizational knowledge sharing [J]. Organization Science, 2002, 13 (2): 179 – 190.

[377] Tsui K Y. China's regional inequality, 1952 – 1985 [J]. Departmental Working Papers, 1989, 15 (1): 1 – 21.

[378] Vajda I. A discrete theory of search. I [J]. Applications of Mathematics, 1971, 16 (4): 241 – 255.

[379] Vance, J E. The merchant's world: The geography of wholesaling [J]. Prentice Hall, 1970.

[380] Walcott, S, Zhu, H. Regional urban economic clusters: A comparative geography of China and the US [M]. Springer Netherlands, 2014.

[381] Walker P, Amraii S A, Lewis M, et al. Humanc ontrol of leader-based swarms [C] //Proceedings of the 2013 IEEE International Conference on Systems, Man, and Cybernetics. IEEE, 2013.

[382] Walley, Keith. Coopetition: An introduction to the subject and an agenda for research [J]. International Studies of

Management & Organization, 2007, 37 (2): 11 –31.

[383] Warnes A M. London's population trends: Metropolitan area or megalopolis? [J]. London: A New Metropolitan Geography, 1991.

[384] Whebell, C F. Corridors: A theory of urban systems [J]. Annals of the Association of American Geographers, 1969, 59 (1): 1 –26.

[385] Williamson G J. Regional inequality and the process of national development: A description of the patterns [J]. Economic Development and Cultural Change, 1965, 13 (4).

[386] Wise C R, Brown T L. Laying the foundation for institutionalisation of democratic parliamentsin the newly independent states: The case of Ukraine [J]. Journal of Legislative Studies, 1996, 2 (3): 216 –244.

[387] Wright, D. A century of intergovernmental administrative state: Wilson's federalism, new deal intergovernmental relations, and contemporary intergovernmental management [J]. A Centennial History of the American Administrative State, 1987: 219 –260.

[388] Zipf, G. K. The P1 P2/D hypothesis: On the intercity movement of persons [J]. American Sociological Review, 1946, 11: 677 –686.